JN216759

中学受験を考えたときに読む本

プロフェッショナル5人と考える
小学生教育の「正しい知識と学習法」

小川大介（中学受験情報局「かしこい塾の使い方」主任相談員）
齋藤達也（受験コンサルタント）
竹内薫（YES International School 校長）
宝槻泰伸（探究学舎代表）
安浪京子（算数教育家・中学受験専門カウンセラー）

実践教育ジャーナリスト・知窓学舎塾長
矢萩邦彦 編著

洋泉社

はじめに

「中学受験が変わろうとしている」「21世紀型受験が始まった」

そんなことを聞くようになりました。確かに、この数年の中学受験の傾向は急激に変わってきたようにも見えます。しかし、教科横断型や思考力型のような入試問題は、実は何十年も前から出題されている形式のひとつです。新しい名前が付き、今まで出題されていなかった学校でも出題されるようになっただけだという見方もできます。むしろ、社会の変化、受験生や保護者の価値観の変化のほうが大きいようにも感じます。

僕は、中学受験界の境界に立ちながら、20年以上現場で指導に当たっています。その間には、中学受験専門の大手塾の講師や家庭教師として、また別の大手塾の中学受験科立ち上げにも関わりました。僕自身も小学生時代、大手塾に通い、中学受験をして、進学先で不登校になる経験もしました。中学受験にまつわるさまざまな経験をするなかで、少しずつ「現場で指導を続けている実践者でなければ、教育を語ることも場を作ることも適切にアドバイスすることも難しい」というあまりにも当たり前なことに気づき、しかし、その当たり前のことが、分業化され、合理化のもとに曖昧にされてしまっている現場もたくさん見てきました。
中学受験に対して、僕は一貫して「人による」という立場を取っています。勉強法も塾も志望校も、何が最適かは受験生の個性や成長段階、家庭環境によって違います。そして、そもそも中学受験をしたほうがいいのかどうかも受験生によります。その感覚は経験が長くなるほど、強くなっていきました。

この本には、僕を含めて6人の教育者が登場します。それぞれが小学生に直接指導をする実践者です。しかし、中学受験に対する立場や考えは、全員異なります。教育実践者でありながら教育ジャーナリストであるという僕の立場を活かして、なるべく全員の思想や方法の輪郭がわかるように、インタビューという形式でお話を伺い、綺麗に整えることで臨場感が失われないよう、話者のモードやスタイルをできる限り残す方針で並べました。また僕個人の見解は、章ごとにコラム形式で書かせていただきました。それぞれまったく違う主張もあれば、スタンスの違いを越えて、重なる部分もあります。それらを感じて、自分自身の価値観と並べたり重ねたりして共感や違和感を確認することこそ、多様性・不確実性という言葉が飛び交う現代社会において、有用な羅針盤になるのではないかと考えて編集しました。

その結果、この本は中学受験本として画期的なものになったと思います。「中学受験」に何らかの魅力を感じたときに、追い立てられるように受験勉強を始めてしまうご家庭をたくさん見てきました。なんだかわかってきたころには、受験のベルトコンベアに乗ってしまって、もう引き返せないような錯覚に苦しむ姿も。一方で、中学受験勉強をすることで、初めて輝けた受験生や、より自分に合った学校に進学して人生を謳歌する生徒もたくさん見てきました。そこには近代化の光と影が象徴的に重なっているような気がします。

この本は、「中学受験」という言葉に出会った、保護者の皆様が、そのまま一歩を踏み出して早回しされる中学受験のベルトコンベアに巻き込まれてしまう前に、改めて我が子と向き合い、対話し、その個性を見極めたうえで、まずは中学受験をしたほうがいいのか、次にどのような塾を選び、サポートをし、志望校を見つけ、中学受験生というキャリアを作っていくのかを、「ちゃんと」考えてほしいという思いで作らせていただきました。気になるページからでかまいません。どこから読み始めても入りやすいように設計しています。本書がひとりでも多くの小学生が笑顔で中学に進学し、その先の豊かな人生へ繋がる動線を作るきっかけとなれば幸いです。

中学受験を考えたときに読む本——目次

第2章 保護者のマネージメントの重要性

第3章 中学受験で後悔しないために必要なこと

第4章 「探究型学習」と中学受験

編集協力◉青山典裕、小川祐佳理

帯写真◉fotolia 159256362 by milatas

第1章

理想的な中学受験のために何が必要か

小川大介（中学受験情報局「かしこい塾の使い方」主任相談員）

しなくていい苦労とか、しなくていい苦痛とか、しなくていい挫折とかを味わわせながら12歳にたどり着かせるという集団塾主導の受験プロセスは、不健康だと思いますね。

PROFILE●おがわ・だいすけ
1973年生まれ。京都大学法学部卒業。学生時代から大学受験予備校、大手進学塾で受験国語の看板講師として活躍。難関中学、国公立大学医学部などへ多数の合格者を送り出す。
2000年、さらなる学習指導の理想を追究し、中学受験専門のプロ個別指導教室SS-1を設立。教科指導スキルに、声かけメソッド、逆算思考、習慣化指導を組み合わせ、子どもそれぞれの持ち味を生かして短期間の成績向上を実現する独自ノウハウを確立する。受験学習はもとより、幼児低学年からの子どもの能力の伸ばし方や親子関係の築き方についての助言や提案が、的確で今すぐ実践できると定評があり、テレビ・ラジオ・雑誌等各メディアで解説や評論を精力的に行っている。また近年は社会人教育の分野でも研修・指導技術提供などの実績を積み重ねている。『1日3分！　頭がよくなる子どもとの遊びかた』（大和書房）、『頭がいい子の家のリビングには必ず「辞書」「地図」「図鑑」がある』（すばる舎）、『中学受験基本のキ！』（日経BP社）、『もう悩まない中学受験』（海拓舎出版）など著書多数。

――インタビュアーとは同じ時代に中学受験指導のキャリアをスタートして、今なお現場に関わっている者同士ということで、今日はよろしくお願いします。

よろしくお願いします。矢萩さんは塾を経営しながらいろいろなことをやってらっしゃいますよね。そのなかで、どうして受験指導をしようと思ったのですか。

――僕自身も中学受験をして一貫校に進学したのですが、塾でも学校でも先生たちに「わかってもらえない」という経験をかなりしてきたんですね。自分が個性的すぎるのかとも考えましたが、学校以外での反応はそうでもないんです。それで自分なりに立てた仮説が、先生たちの多様性、特に職業的な経験の幅が圧倒的に狭いことが現場での齟齬《そご》や疎外を生み、うまく機能しない原因となっているのではないかと。そういうわけで、進路指導をする教育者の大半が教育業界しか知らないという現状を少しでも変えたいと思って、パラレルキャリア［＊1］を歩みながら教育現場に立っています。小川さんは、なぜ中学受験の仕事を始められたのですか。

シンプルに、効率良く稼げたからですね。最初は国語を教えていました。国語という教科をちゃんと対価をもらうレベルで教えられる若い学生バイトがほぼいなかったので、そのフィールドなら簡単に1位になれるだろう、というのが18歳当時の僕の選択でした。その当時から、各講師が塾カリキュラムを教えるだけの体制では合格させられないと感じていたんです。志望校ごとのコースのヘッドという立場に早々に置いてもらいましたが、当然１００人受験生がいたら、100人合格させにいくじゃないですか。それで、僕は国語担当ですけど、お互い何をやっているか見えないままでは結果が出ないから、ということで算数や理科の担当講師にも声をかけて全生徒の共有ミーティングを始めたんです。そうこうしているうちに結局プロジェクトマネージャーみたいになったんですよ。学生バイトなんだけど。

僕が働いていたのは関西の浜学園だったのですが、当時は京大生中心で回していて、社員は学生バイトの補佐というぐらい徹底的に学生が強い異常な時代があったんですよ。それはやっぱり〝頭の回転が速いうえに、定時に帰る社員と違って夜中の2時、3時まで平気で仕事をする学生バイト〟という特殊なエコシステムがあったんです。単なるバイトを超えて、使命感に突き動かされているような熱気がありました。そうして徹底的に分析してやっていくと、学生なりに、子どもだけ教えても結果出ないよね、という結論に行き着くんですよね。

——当時の学生が強かった状況、よくわかります。ほとんど同じ時期に僕も同じような境遇で、学生だったのですが、大手塾で中学受験科の立ち上げに関わって教室主任をしていました。本気で実績を出そうと思ったら、保護者含めて全体が見えないと効率が良くないんですよね。

矢萩さんがいらしたその塾、この10年ほどガンガン展開しまくっていますよね。当時はそういう学生主体の運営が許された時代でしたよね。僕は学生のとき一番多いときで1年間に100件以上面談していて、1日に十段積みという日もありました。そんなふうに親御さんの話を聞いていると、自分たちには見えていないことがたくさんありました。既存の講座だと特定校に合格させにくいから新しい講座を作ろうとか、テキストを全面改訂しようとか、いろいろと自由に試行錯誤していました。

そうこうしているうちにわかってきたのは、集団塾［＊2］の行き着く先は、結局どこまで行っても型にはめることで、スタートラインがずれたらその子の補講は難しい。それぞれスタートラインが違ったら残り時間とその子の到達点によって本当なら全部カリキュラムを変えてあげるほうがいいに決まっている。だったら個別しかないだろう、という話になって「SS－1」という個別指導塾［＊3］を作ったんです。

そのときのスタートアップメンバーには、浜学園でもトップ講師だった人間が集まりました。集団塾のトップが集まったら、個別もすぐトップになるだろうという、非常に単純な思考でした。今だったら赤面ものなんですけど、1人で30人を感動させる講師が1対1で教えたら、30倍結果が出ると思っていたんですね。ところが1年目の結果は満足いくものにならなかったのです。

――どうして結果が出なかったと考えていらっしゃいますか。

今なら説明できますけど、集団塾のいわゆる「うまい先生」というのは、多くの生徒に影響を及ぼすことができてキャラが立っている、というのが強みなのですが、それは1対1の指導において本当に必要な要素ではないんですね。学習の導入としては役に立つんだけど、もっと重要なのは、本人のことを正しく見てあげて本人の学びのリズムにいち早く合わせてあげること。でも、その子にとって最適な学習環境全体を生み出すプロデューサー的能力が、大半の集団塾講師には欠けているんです。そのことを、当時の僕も含め、子どもを教えている側もわかっていないんですね。

1年間失敗したら、さすがに変だなと思い始めました。なぜ伸びないのかがわからなかったし、全員合格すると思っていたのに落ちる子がいたりして、これはおかしいぞと。それで、2年目に親御さんの話に耳を傾けるようになったんです。そうすると、これはもう当たり前のことなんですけど、目の前で週に6時間見ている子が、残り162時間何をしているか僕たちは知らないんですね。その168時間ある1週間を、どのように勉強の成果を上げる1週間に変えてあげるか、という視点に変えたときに、教える仕事よりも学習の仕組みを作る仕事に変わっていかなければと思ったんです。それは僕が27歳ぐらいのときですね。それからずっと探究し続けています。

受験に耐え得る力をつける学習は3歳から始まる

——受験勉強を開始するには理想はいつだと思われますか。

どこからを〝受験勉強〟とするかの定義がすごく大事だと思っています。**個人的には受験に耐え得る力をつける学習は3歳から始まると思っています。基礎学習ですね。**学ぶことは当然だという価値観を育てたり、できなかったら理由を見つけて、必要な行動をとれば次はできるようになるという確信を持たせたり。いいところを伸ばせば、いつかは苦手部分も乗り越える力が溜まってくるという感覚を知ったり。鍛えた分は伸びるというアスリート的な価値観を養う、土台作りですね。

いわゆるカリキュラム的なもので単元をひととおり網羅していって合格する力をつける学習は、**4年からの3年間がちょうどいいと思います。子どもの成長上の理想をいえば、5年・6年の2年間で合格できるような受験のほうがいいと僕は思っているのですが、現状の、特に首都圏の一貫校の事情や、中学受験である程度手堅くいきたいと思う家庭が一定数あるという現実から、4年から始めたほうが無理がない受験ができるだろうな、と**

思います。子どもに過度のシワ寄せがいかないということですね。

──実際大手塾［＊4］は、4年生と5年生でひととおり一旦カリキュラムを終わらせて、6年生は演習みたいな形ですけど、その演習期間が、無理なく受験するために重要だとお考えですか。

〝考える力〟ってみんな簡単に言うじゃないですか。でも、考えるためには基本の知識がまずあって、知識と知識を組み合わせて別の知識、例えば他の人にとってはすでに知識となっているものにたどり着いたりする。そういういろんなプロセスを、「これが〝考える〟か」と、まずは体験する時間が必要だと思うんです。

今の4・5・6の受験の3年間の構成で、4年生は自分が〝体感してること〟と〝知識として与えられるもの〟を結び付けていって、知識を取り入れることの意味とか、自分で気づいたことを整理して覚えることを学ぶ期間だと思うんですよ。「あれってそういうことだったのか」とか、「見てたけどそんな名前知らなかった」とか。もしくは、勉強して次の週に公園を歩いていたら、「あっ、あれこの前理科でやった〇〇だ」とか。そういう体験は4年生が理想ですよね。

5年生では、いわゆる解法が出てくるような基本的な算数や社会や理科の、単元という形で整理された一連の知識を網羅していくわけです。5年の後半になると、5年の前半で新しく手に入れたり整理した知識を組み合わせて、一見知らないように見えるけど実は一緒だよね、という問題演習をすることで、知識を使わなきゃいけないことに気づかせ始めるカリキュラムになっていると思うんですね。算数だったら、だいたい夏前に「比」を習ったあとで、「速さ」が出てきます。「平面図形」も、春にやってまた秋口にやる。そうすると冬に登場する融合問題で、平面図形の点が追っかけっこするという、図形と速さの問題がくっついたら、速さが面積を変動させるなんていう問題が成立することに気づいて、組み合わせなんだなとわかるわけです。

いよいよ6年生になって、さまざまな組み合わせを練習します。その問題専用の解法を覚えたら楽なのかもしれないけど、自分の持っているものだけでなんとか考え抜いてみることを、さらに練習するのが6年生だと思うんですね。これは、国語でも社会でも同じように、筋道立てて考えさせる問題が増えてくるようになっています。ボリュームゾーン［＊5］の標準的な子どもでいうと、4・5・6年生の今お話ししたような成長のさせてあげ方が、高すぎないハードルでほどほどいいのかなと思います。ただ、早くからあれこれ試行錯誤するのが好きな子の場合は、たぶん3年間はまどろっこしいんで飛び級制でどんどん先を進ませてあげるほうがいいと僕は思っているんですけどね。

――そうすると、集団と個別との一番の違いは個性に合わせてカスタマイズできるということでしょうか。

そうですね。ゴールにたどり着かせるだけなら別に集団でいいと思うんです。強制して「決められたものをやりなさい」「間に合わせなさい」「結果がすべてだ」みたいな。そういう単純思考だと「潰れる奴が悪い」となります。でも実際には、そんなに厳しくしなくても、所詮は中学受験ということもあって、成績も合格もなんとかなるんですよ。だから、**しなくていい苦労とか、しなくていい苦痛とか、しなくていい挫折とかを味わわせながら12歳にたどり着かせるという集団塾主導の受験プロセスは、不健康だと思いますね。**

そういう意味では、個々の状態にカスタマイズして、本人がのびのびと自分の力を信用できるように成長させてあげたほうがいいと思います。同じ麻布中に合格するにしても、傷つきまくって合格してすべてから解放された麻布生と、入れると思わなかったのに興味のままに楽しんで勉強していたら入れた、みたいな子と、入学してからどっちが面白い人間になるかというのは自明じゃないですか。マンツーマンの良さというのは、その子なりの力をより強化させてあげられること。そういう意味では、自分自身を信じる力とか、親が子を信用したり、子が親を信用するその関係性に関わってあげられるという強みがあると思いますね。もし集団塾が個々の関係性にまで関わり始めたら、カリキュラムどおりに進行するという軸が崩壊するので、わかっててもやれないというのは集団塾の難しいところだと思います。

――集団クラスは何人ぐらいをイメージされていますか。また少人数制ならば可能だと思いますか。

集団クラスのイメージは15人以上ですね。少人数制の場合、そこに予算や能力の高い講師リソースを特化してつぎ込んでいれば可能ですが、少人数でかつ単価の安い先生を配したら、それは害でしかないと考えています。今の少人数を謳っている塾の大半は、ひとつのクラスのなかで成績のばらつきがすごくある子どもたちを、標準的な先生がひとりで、ただ単に四谷大塚のテキストでやっているだけです。親御さんがわかって行かせているならいいですけど、もし期待を持って子どもを通わせているなら、かわいそうだなと思います。

僕は集団、特に20人以上のグループ学習というのは、すごく大事だと思っているんですよ。いい意味で一定の学習ストレスであったり、集団でひとつの目標ラインを一丸となって越えていくという、引きずられたり引っ張ったりする感覚とか、集まることによって生まれる力は、子どもたちには間違いなくあると思うんですね。「みんな頑張ってるからなんか頑張れた」という。ただ、それだけではその子自身が埋もれていくおそれもあるので、7割ぐらいのエネルギーは集団の力で学習を進めながら、3割は個別的な指導でその子の再発見をしてあげるのが望ましいと思います。子どもにとって将来、より必要となってくる独学の力は、個別指導で教えてあげたらいいと思います。

――では、大手塾や集団塾に通いながら、個別でサポートするのが理想ということですね。

そうですね。現状では合理的な方法だろうと思います。理想を言うなら、集団塾が今の指導時間数と宿題量を7割ぐらいに減らしてくれて、週にせいぜい3回、夜の8時には帰宅できるぐらいの運営をしてくれるともっといいと思いますけどね。今の塾はやらせすぎるというか、抱え込みすぎているので。その日1日集団学習で終わっちゃうのは問題があると思いますね。集団塾から離れて自分自身に向き合う1時間とか、親子で向き合う1時間を取っても、遅くとも9時半か10時には寝られる生活ができればいいのにな、というのは思います。

大手塾の最大のメリットはテストの力

——今のお話のなかにあったこと以外で、大手塾のメリット・デメリットというのは何がありますか。

やはりテストの力が一番のメリットだと僕は思っています。一定数の母集団を常に抱え込めているので、同じ学年のなかでの位置づけを指標として出すことができます。前年・前々年とこれまでも一定のボリュームの生徒たちのデータを蓄積してきていることで、過去データと今年を比べることができ、今の指導陣が指導成果を上げられているのかを判断したり、子どもたちの現状の到達点としてこのままで合格できそうかを、ある程度見通すことができます。そういうデータに裏づけされたテストを運営できることが、集団塾の最大の強みだと思いますね。

また、集団で動く分、教材が一応統一されていて、かつ、そう頻繁に変わらないので、学習する側としては先読みがしやすいというメリットがあります。その分、個別でのカスタマイズにも適応しやすいです。僕たちのような学習カスタマイズのプロが関わるかどうかは別にしても、**家庭なりにポリシーがあれば、大手塾のほうが付き合いやすいと思います。**

あとは、クラスが成績で輪切りにされるので、ひとつのグループごとにある程度均質な学力ゾーンにいられることもメリットといえます。ちょっと努力すればその上に行くという、努力と結果が感覚として持ちやすいだろうなと思うのです。日能研なんかは毎回のテストでクラスの席が移動するので、特に顕著ですね。ストレスにしかならない子どももいますけど、うまくそれを楽しんでいる子もいます。「1週間頑張ったらやっぱり前に行った」とか「さぼっていたら後ろに行っちゃった」とか、そういう自分の1週間の学習の取り組みと得られる成果に因果関係があることを学ぶという意味でも、大手塾はいいと思います。

——偏差値だとか模擬テストの信憑性が年々下がってきているという声も聞きますが、どう思われますか。

例えば日能研の公開模試［＊6］は、そもそもどこの学校の入試傾向にも当てはまらない変なテストなので当然ですが、他の大手塾の模試も含めて、偏差値が3とか4とか上がったり下がったりしたところで、そこからはなんの情報も得られないと思っています。僕が、テストが大手塾の力だと言うのは、決まった日に必ず実施されるという点が大きいですね。子どもの事情や親の事情に左右されずに、締め切りが必ずやってくる。その締め切り効果として、進度を調整しながら勉強が加速する面があります。テストの評価に関しては、参考資料程度で捉えるのがいいでしょうね。

難関の応用問題などが出題されてもなんとかなりそうな知識量や考える力が育っている子なのか、標準ゾーンで戦うのが向いている子なのか、まだエントリー状態で、基本を身につけさせたほうがいいのか。**偏差値が物語るのは、その子の学力の到達点がどのゾーンにいるかという大きなグループ分けでしかないと思うんですね。**ところが受験の実態としては、偏差値によって志望校を選択したりするわけです。だからこそ、**そのテストに何を期待して受けるかが重要だと思うんですね。**

――どういう基準で、模擬テスト選びのアドバイスをしますか。

例えば首都圏でいうと、四谷大塚の偏差値ゾーンで見たときに、50ぐらいからその下の、〝私立だけど進学校というよりは穏やかな学校〟を志望しているなら、首都圏模試［＊7］でないとたぶん適性グループとしての判定はできないでしょうし、御三家などの超難関校狙いなら、受けたい子がSAPIXに集まっているので、どこかのタイミングでサピックスオープン［＊8］を選ぶことになります。日能研の公開模試は、首都圏で他塾生がコンスタントに毎月4年の段階から受けられる唯一のテストなので、そういう意味でのペースメーカーとして6年の5月ぐらいまでは使えます。でもそこから以降は、今度は日能研のテストは非常に使いにくいから、四谷大塚の合不合判定テスト［＊9］に切り替えるとか、そういう感じで、その子の学力と受験目標のシナリオに応じて、その各テストの特徴を組み合わせることになりますね。

――志望校がある程度決まっているというのが、模擬テスト選びの指標のひとつになるわけですね。

6年生だったらそうなりますね。4年・5年は、志望校が決まっていなくても全然いいと思っています。そんな早くに決める必要も別にないので。もちろん、すでに志望校があれば、そこを受けられるように学習していくシナリオを1年単位で作ります。

――志望校がなかなか決められないというご家庭にはどのようにアドバイスしますか。

志望校がないご家庭の場合、僕がよくやるのは偏差値一覧表を使った絞り込みですね。各塾が出しているもののコピーをお渡しして、「行かせたくない学校」にバツ印をつけてもらいます。すると、結局本音の部分でここより上っていうラインが出てくるんですよ。校風などを大切にしていても現実問題として「ここより下は、ちょっとそのために頑張りたくない」と。じゃあこの上だったらどこでもいいんですかって、地図や学校情報誌なども開くと、「ちょっと距離が……」などと、さらに絞り込みが進みます。特定校をはっきりと決めてないだけでみんな欲求はあるので、まず、その本音の欲求を浮き彫りにします。そして、「じゃあこの辺りの学校ゾーンを狙いましょう、そうなると知識を覚えるだけでは対応できないから、記述のトレーニングも必要になるし、算数も自分で図を描いて考える勉強も必要になりますね」といった具合ですね。

それで、「5年の夏ぐらいに偏差値55を超えてくるぐらいが、穏やかに受験ができるゾーンになりますよ」と解説をしたうえで、頑張りますとおっしゃるなら、「じゃあ来月の時点ではここまで行けるようにしましょう」というふうに、少しずつ具体化（チャンクダウン）していきます。**だから初めから、明確な目的意識を持っていなくても大丈夫です。まずは欲求レベルの「何が嫌か」という感情をちゃんと聞くことと、「どうなったらハッピーか」という感情を聞くことが大切ですね。それを受験の世界に翻訳すると、どうなるか**をこちらが提示していきます。

――では、具体的に学校名が挙がってなくても、何が嫌で、どうなるとハッピーかを踏まえて「それならこの学校がいいんじゃないか」というような提案はされますか。

そうですね。「じゃあ、だいたいこの辺りの学校なんですかね」と提案して、その提案校に対してご家庭の先行イメージがあれば聞いて、特になければ「後々行きたくなったときに、この辺りの学校を選べるように、まずは土台づくりのプランということで入れておきましょう」という感じですね。こういうやり取りをすると、すぐ、やはり志望校を決めたほうがいいですよねって仰るご家庭があります。塾講師の大半も志望校をすぐに決めたがります。が、そういう人たちは、6年のいわゆる受験勉強レールに乗ったあとは子どもに何をさせればいいかはわかるけれど、6年生までどうやってたどり着かせていいかの成長シナリオが組めない人たちだと思うんです。

つまり、先ほどお話しした4年・5年段階で培う力が何かをちゃんと把握できてない。各塾のカリキュラムでいうと、どのように育てようとしている段階なのかを横断的に見られている人はかなり少ないです。だから志望校の話をしたいんだろうと思うんですね。だったら、わからないところはこちらがわかる形で提示してあげることで、初めて、じゃあこれをやればいいですね、と今日の行動を決められる人に変わってくると思うんです。

例えば志望校は決めなくていいけど、来年の段階で偏差値55にはいきたいというなら、今年中に50のラインは見えている状態になっておく必要がある。それなら来月中にここまでの知識を覚える必要があるから、それを毎週の勉強でこなせるように、1週間を変える必要があることを説明する。そうすると、ようやく今日の行動から変わってくるわけです。

――そういう進路指導や学習指導は、保護者向けにされるのですか、受験生向けにされるのですか。

子どもにも親にも、できるだけ一緒にしますね。足並み揃えないといけないので。そもそも、そういう学びの設計に関しては、親から子どもに正確に伝えるのは難しいと思いますし。

――保護者と受験生本人の意見がずれちゃった場合というのは、どういうふうにお話を進めますか。

まず、ずれている事実を2人、3人で話し合って確認してもらいますね。特に学校名を親御さんが口に出す場合は、絶対に理由を聞かなければいけません。**これは親が中学受験で最もやってはいけないことなのですが、親が自分自身のために特定の学校を選ぶような受験は最悪だと思うからです。**

例えば「何がなんでも女子学院に行かせたいです」という親御さんがいて、理由を聞くと「わたしの親戚の子どもがみんな女子学院だから」という人が、いまだにいるわけですよ。厳然と。「だから女子学院に行かないと、親族のなかで格好がつかない」とか「医学部に行けるような進学校に行っておかないと、うちだけつま弾きになる」とか言うわけです。完全に親の理屈ですよね。こういう受験の入り方をすると、最後まで親が子どものほうを見ないので、子どものどこを伸ばしてあげたらいいかを見つけることなく、「女子学院に合格するためには○○しなきゃならない」とタスクばっかり渡して、他の子との比較だけをし続けて、テストの偏差値に振り回される家庭が一丁上がりです。そうすると、点数を取れなかったら怒られる、取れたら「もっとできるだろう」と宿題が増やされる、という子どものやる気がそがれ続けるいっぽうの悪循環になってしまいます。

だから、親御さんには、なぜその学校なのかを聞くんです。「この学校の文化祭に行ったときだけ、この子の目のキラキラが特別だったんです」というなら、子どもが主人公の選択をしているわけです。子ども本人が主人公の選択なのか、親自身が主人公の選択なのか、まずこの仕分けが必要です。それによって、子どもへの話しかけ方が変わってきます。

もし学校名を子どもが口にした場合には、「よくその学校のこと知っていたね。どこで聞いたの」と聞きます。子どもの場合は、知っている学校しか志望校になりませんから。子どもが自分で足を運んで、「いくつか見たなかであそこはすごい好きだった」という理由があれば、「じゃあ勉強して受験してその学校に認められたいってことだよね」と、その子が口にした学校の受験における達成目標・願望を、子どもの言葉に置き換えてもう1度確認するようにします。「努力はしてみたいってことね」とか、「自分の面白いことを伸ばしながらのびのびいけたらいいなーって感じかな」とか、その子のなかにある受験シナリオイメージを、その学校名の背景から聞いて会話をします。

親から聞く志望校の情報と子どもから聞く志望校の情報は、僕たち学習サポートのプロにとっては使い方が違うので、さすがに出願直前はまずいですけど、6年の6月ぐらいの時点までは親子が違うことを言っていても全然構わないかなと思います。

学校教育の国語では、論理力を育てるのはかなり難しい

——最近は、適性検査型・思考力型・アクティブラーニング型など出題傾向もさらに多様化してきました。そのなかで、志望校決定が遅くなることはハンディキャップになりませんか。

確かに、入試のトレンドの変化は起きていますね。最難関校に関しては昔からですが、中堅校も背伸びしてきたという印象です。国語なら、抜き書き型じゃなくて、自分自身に照らし合わせて考えて表現するような記述とか、資料を読み取らせるとか。算数や理科なら、問題を長文化させることで設問の情報を正確に読み取って再構築する、いわゆる論理力がしっかりあるかどうかを試すような出題だったり。一方で、その分のバランスを取るために、幅広い知識を

事細かに問うのはやめて、標準的な知識問題は知識問題である程度残しつつ、知識を組み合わせて考え表現する問題の点数ウェイトが大きくなるような入試に変わってきていますね。

そうすると、行きたい学校によっては、**6年になる前段階で頭の使い方をどう訓練して、どこまで引き上げておくかが志望校選びの必須条件になってきている面もありますね。**早稲田アカデミーのような大量反復暗記型の学習を求める環境では、麻布のような発想力や表現力が必要な学校に合格する子を育てるのはますます難しくなると思います。学習の要求する方向性が違いますから。その反対で、のびのびとした個別型の勉強環境で育てられた子が、6年のタイミングで急に目覚めて、「わたしは桜蔭目指したい」なんて言い始めても、残念ながら時間切れである可能性が非常に高い。桜蔭のような学校は、鍛え上げられた子を求めていますからね。

つまり、**顕著に方向性を持った一部の学校の場合は、5年終わりまでの学び方や学力の到達点が受験結果にも大きく影響する**ので、そこについては注意したほうがいいですね。以前だったらそれも含めて、成績が上位の子であればなんとかなるよねと言えたのですが、育ち方がより問われる入試に変わってきたかなとは思っています。そういう学校を除けば、小6の6月ぐらいから志望校が決まっていったとしても、夏休みの間の学習メニューで調整できますし、併願校対策も取れますから大丈夫じゃないでしょうか。

――小川さんの仰る「国語力」と「論理力」の違いや習得方法について詳しく聞かせてください。

算数の学習を通じて論理的思考を育んだ子は、国語の成績は上げやすくなりますが、一般的な国語の勉強を数多くやっても算数は上がらないと思いますね。それは、算数や理科における論理の精度・要求度が非常に厳密だからです。「AからB」なのか「AがB」なのか「BによりA」なのかまったく意味が違うじゃないですか。でも、中学受験の国語レベルだと、そこにAとBがあるという情報だけ拾って、なんとなく周囲の雰囲気から読み進めても正解になるんですよ。

精読の要求ポイントが、国語の場合はより大きな文章の全体を要約する力であったり、捉える力ですね。あとはそれを正確に表現するボキャブラリーであったり。算数や理科の場合は、その材料と材料の間を繋いでいる構成語の意味を正確に捉える力です。その論に無駄がないか、ロジックが1本筋が通っているか、主観と客観が混同されていないか、を問われるわけです。そういう論理力の指導については、算数上がりの国語の先生が増えてくるとか、国語と理科を両方教えるのが好きな先生が増えるとか、横断的な人材が増えてきたら変わると思いますけど、現状の国語業界のなかからロジックを教えられる人はなかなか出てこないという、構造上の問題を感じています。

特に学校教育の国語では、算数・理科でいう論理力を育てるのはかなり難しいと思います。例えば、**一昔前の文学部上がりの先生には論理を教えるのが苦手な人が多いですね。**文学史を覚えるだけで卒業できたりしていますから。そういう、論文を読んで知識があればなんとかなった時代の「ベテラン」の先生が作ってきた国語業界と、今ビジネスの世界でいわれているような、共感力だとか、正確な言葉を用いてロジックをしっかり伝えて、よりそれを効果的に表現する力、という意味での国語力は全然違います。それをみんなごっちゃにして国語力と言っているので、危ないなと思っています。

――そうですね。もともと曖昧に使用されていた「国語力」が、さらに乱暴に抽象化されてしまっていますよね。では受験において、国語に苦手意識を持っていたりだとか得点が取れないという生徒に対して、どのような指導をされますか。

まず、**何を間違えているのか分解することが必要です。「国語が苦手なんです」という人に対して、僕は最初に「なんで国語が苦手ってわかったんですか」と聞くんですね。**そうすると、「成績が悪いんです」とか「読んでると、途中から話がわかんなくなるんです」とか「話自体はわかってるんですけど、問題の答えがどうしても合わないんです」などと具体的な現象がまず出てきます。そこで、点数が取れないんだったら取れている所はどこなのか。言葉の知識問題は取れているけれど読解問題は取れてないなら、読解のなかでも、取れる問題と取れない問題が分かれているかどうか。分かれているなら、取れてない問題の特徴は何か。とにかくそうやって、何ができてないかの分解を手伝います。

国語の成績を上げるのが苦手な人の共通点は、**国語を何かひとつの塊のように捉えたがることです。**そうではなくて、**国語というのは言葉を用いた情報理解と、それを再構成して人に伝える一連の営みです。**プロセスを回す論理的な思考能力はあっても、圧倒的にボキャブラリーがなければすべての理解はできないですから、ひたすら言葉を覚えたほうがいい子もいるわけですよね。本読んでいたらできるようになりましたっていう子はこういうタイプです。

算数や理科でそもそもロジックを鍛えているから、言葉が入り始めたらいきなり繋がり始めるということもあります。一方で、算数や理科は苦手だけれど、社会は好き、特に歴史は好きだけれど公民は大嫌い。本は大好きで物語や随筆はだいたい大丈夫。でも論説はときどきわけがわからない、というタイプの子は、**やみくもに文章練習させても絶対伸びません。**文章のなかの中心文を絞り込んでいきながら、要素を特定していって論理トレーニングをすることによって、論説文との付き合い方を教えてあげることが必要になります。

だから、知識のレベルでのつまずきなのか、文章の読み砕き方を知らない、あるいは慣れないせいでつまずいているのか。文章を読んで自分なりにわかるということと、設問で問われたことに答えることの違いを習えていない子なのか。それによって、優先的に教えることを変えますね。最初は質問を重ねていって、まず、国語というのはそういうことかと親御さんに理解してもらうプロセスがとっても大事です。

僕は、プロ講師の育成に関わることが多いのですが、国語科の講師に特によく伝えるのが、**いきなり教えてはいけませんよ、ということです。「わたしが教えたらこんなのすぐわかるようになるだろう」なんて最悪なことするなと。**そうじゃなくて、親御さんに、「この子の今までの努力で身についていることが何で、身につけそびれていることは何と何です。だから、今までどおり続けていい勉強は何で、これから意識的にやっていく勉強メニューは何です。そうすれば、読めるし解けるようになりますよ」という、その子の説明書をちゃんと親に示してくださいと。それを、国語の観点でやれないなら、プロの国語科講師と名乗ってはダメですよ、という話をよくします。国語が苦手な子に対して、事前情報があるにもかかわらず授業前に方針がない講師には、かなり厳しく叱ることもあります。子どもにとって貴重な時間を、いいかげんな姿勢で台無しにしてもらいたくはないですから。1回目で何をやればいいか明確かつ具体的に、行動レベルに変換してあげられれば、成績は上がるものです。

予習と復習――どっちが重要か

――先ほど、大手塾の時間をちょっと減らして、個別との併用が一番いいというお話でしたけれど、予習と復習では、どちらを優先的に個別や家庭学習で扱うべきだとお考えですか。

それはいい質問ですよね。集団塾に行っている前提で、一番睡眠時間をたくさん取れる勉強法という意味で話すと、**予習4割・復習3割・演習3割ですね。**

予習の目的は、テキストをパラパラと先に開いて、「これ、なんか難しそう」とか「これ知ってる」「前にやったのと一緒だ」とか、そういうふうになんとなく興味を持たせて、授業を受ける準備をすることだと僕は捉えています。そうすることによって授業中に頭に入る量を増やして、授業中に理解して覚えてしまえるものをできるだけ膨らませておくわけです。授業をわかる状態にして、終わったときに覚えている状態を目指します。そこまでしても、教室を出た瞬間に記憶から抜けていくものだと理解しておくことも大切（笑）。

家に帰って、記憶が消えてしまう前に、もう1回テキストとノートをパラパラ見たり、先生のギャグを思い出したりして5分か10分くらい授業を走馬灯のように高速回転でバ

ーッと復習します。そうすることで、もう1回記憶に入り直して定着度が上がります。重要度でいうと復習は3割なんですけど、時間数でいうとたぶん1とかなんです。復習1と演習5くらいの割合ですね。でもそれが成り立つためには、**前提として授業を効果的に使う下準備が必要です。予習をして、授業を受ける体勢づくりをしてから臨む。このパッケージが、一番勉強時間が短くて済みますね。**

――個別指導のなかで、生徒と一緒に予習をすることもありますか。

ありますね。よくできる子の場合、塾の授業の大半が暇になってしまうことがあります。そんな子には、テキストで先に、授業で集中して聞いてくる問題を教えてしまって、「この問題はしっかり聞いてこいよ」とか、「ここの部分はもう復習のつもりで先生の解説は聞かなくていいから、問題をガンガン解いてきていいよ」といった指示をしますね。

一方、全然ついていけてない子の場合には、塾の授業の導入で扱いそうな例題解説を先にやります。例えば、算数で、上りの時速40キロメートルの電車と下り時速60キロメートルの電車がすれ違うような「速さ」の問題だとすると、相対速度は上がるので、電車の中の人からは、すれ違う電車がビュッと速くなって100キロで動いているように見えるというふうな。こういうのを、小6だと式でパパっと教えられてしまうけれど、この子は全然ついていけてないという場合は、事前の個別の予習段階で、「一緒に歩いてみよう、そっちから歩いておいで」という具合に、実際にやってみるわけです。「ほら、一瞬早くなったでしょ」とか言いながら、体感を繫げる時間をちゃんと取る。そして塾の授業では、どの問題が扱われるだろうけれど、この問題とこの問題は別ものに見えても実は同じ考え方を使うから、授業中にちゃんと先生の説明を聞いてくるんだよと指導します。

つまり、授業で聞いてくるポイントを教えてあげるんですね。ここで問題の解説までやってしまうとアウト。単純に授業を聞かなくなって逆効果です。日能研が予習厳禁と言うのは、個別や家庭教師に先に習ってきて、授業中に「それ知ってる」とか嬉しくて言ってしまう子どもがいると授業が成立しないから、という塾側の都合だと思います（笑）。でも、子どもの側に立ってみても、先に解いて答えまで教えたら、それは予習じゃなくて単に答えの事前暗記になってしまい、授業を受ける必要がなくなってしまうんですね。だからこそ授業を聞くポイントを渡してあげて、あくまで〝予め習える〟状態を作るのが理想です。

——その方法だと、社会の予習は難しそうですね。それ自体が答えになってしまうことが多そうです。

社会の場合は、5つくらい重要なキーワードを挙げて、漢字で読み書きできるようにさせるといいですよ。あらかじめ頭に入っている言葉がキーとなって、先生の解説の言葉が耳に入るようになります。**歴史になって急激に成績が下がる子というのは、授業中の言葉がわから**

ないんですよ。先生が言っている言葉が聞こえないんです。僕らもそうじゃないですか。例えば、専門外の人がいきなり大学の化学の研究室に行って、有機化学体のジイソプロなんたらとかヘテロなんたらとか飛び交われても、何の話かさっぱりわからないわけです。

それは英語なんかと一緒で、知らない言葉を言われると人間は思考が止まってしまいます。**だから、なじみの言葉を作ってあげる、という発想であれば社会でも予習はできるんです。**

あと、社会の場合、ガンガン板書しまくって、それを必死でノートに写させることでなんとなく授業受けた感を演出するスタイルの先生っていますよね。SAPIXとかはまさにそうですけど、そういう授業なら、「板書は一部だけ写せばいいよ」とアドバイスすることもあります。あらかじめ先生が板書しそうなポイントだけ示しておいて、ノートではなくサッとテキストに書き込んで、その分しっかり解説を聞くやり方を教えます。SAPIXのような授業スタイルなら、予習シリーズなどで先にストーリーを読んでおいて、授業にはより詳しい知識をもらいに行く、という位置づけにするとか、そういう下ごしらえは大事ですよね。

そうは言っても、ご家庭で理想的な予習・復習状態を作り出すのは、実際には難しいと思います。なので、万全の予習はできないにしても、**塾に行く前に先週何やったか思い出してから行くようにする。それだけでも、授業の理解度が変わります。復習や宿題がなかなかうまくいかないなら、授業が終わったあと10分間残らせてもらえないか塾に相談してみ**

るのもいいですね。その際、たった今受けた授業ノートとテキストをその場で見返すだけでも効果があります。また、親御さんが塾まで迎えに行っているなら、帰り道で何をやったのか聞いて、頭の中での復習を手伝ってあげるなど、いろいろと方法はあります。正確に覚えていることが大事なのではなくて、受けてきた授業を、もう1回最初から思い出そうとするきっかけを持つことが大事なんですね。

塾に通わなくても中学受験は可能か、それとも不可能か

——塾通いをしないで中学受験をすることについては、どのようなお考えを持っていますか。

可能か不可能かという意味なら可能です。**ただし、そのご家庭が、受験に何が必要なのかをわかっていて、しっかり覚悟したうえで始めるなら、という条件付きです。大きなハードルがふたつあることを事前に覚悟していただきたいのです。**ひとつ目は、集団のカリキュラムに引っ張ってもらうというメリットを捨てるわけですから、今月やるべきこと・今日到達すべきことなど、**学習目標の設定と管理を自分たちでやらなければいけない点です。**

実質かなりの部分を子ども自身がやらなければいけなくなるので、受験勉強を始める前段階の3年生までの育て方が重要になります。立てた計画をちゃんと守れるか、うまくいかなかったら相談して修正できるか、自分が得意なことや苦手なことに対しての心のブレと折り合いをつけられるか、そういった学習に対する適性を育てて、本人自身の完成度を上げておく必要があることを、親が理解しておかなければなりません。

ふたつ目は、**市販教材の組み合わせでやろうとした場合、塾が提供してくれるメニューには質・量ともに絶対にかなわないという点です。**というのも、塾のテキストをそのまま販売しても、量が多くて内容が細かすぎるので売れないんですね。**市販教材は全部平均値でしかないんです。**ということは、例えば軸となる問題集があったとして、足りない部分をあちこちからかき集めたり、過去問を引っ張ってきたりかなり煩雑な問題収集と整理をしなければなりません。子ども自身の学習適性の基礎を育てることと、学習メニューを集めてきて整理して渡してあげる。そういう役割をちゃんとやり切れるなら、**家庭学習だけでも難関校に合格できると思います。あとは、塾ではないですが、Z会などの通信教育を利用するという手もあります。**

——個別だけに来ている生徒には、大手塾へ行ったほうがいいと提案しますか。

最初はお伝えしますね。「そのほうが楽ですよ」と言います。コスパもいいですし。コスパというのは金銭だけではなくて、**子どもの学習に対する負担感や同じ成果を上げるうえで必要な時間数が、大手塾を使ったほうが結局効率的で少なくて済むということです。**

――中小塾をお勧めする場合はありますか。

塾側が子どもに過度の思い入れを持ってしまうところが注意点です。塾にあんまり頑張られると、子どもががんじがらめにされてしまうリスクがあるので。熱意が高い中小塾は、その塾のカラーに染めちゃうところがあります。希学園とかジーニアスなんかが顕著ですけど、自塾のスタイルでぐいぐい迫ってくる結果、そこでうまく結果が出ない子には立て直すすべがなくなってしまうリスクがあります。あとは中小塾の場合は、その先生がハズレだったら、ハズレどころか次の手が打てないのでそのまま終わりになりますけど、大手塾なら、クラスが変わったら先生も変わります。そういう意味で、**大手塾はベストというよりはベターという感覚です。**

――逆に、**中小塾のメリット的なものというのは何がありますか。**

中小塾は先生の顔が見えることと、生活に沿った学習カリキュラムを組んでくれやすいことがメリットだと思います。最初にちゃんと面談を申し込んで、十分話し込んで、子どもを育てようとしてくれている姿勢や、その塾の時間割とお子さんの生活時間割が合っているかを十分点検したうえでなら、家庭負担は中小塾のほうが少なくて済むでしょうね。**そうした距離の**

近さが最大のメリットで、集団のなかで息苦しさを感じやすい子や周りの目線が気になってしまいやすい子、常に褒めてあげないと気持ちが折れやすい子の場合、中小塾のほうが頑張りやすいでしょうね。

デメリットは、急激な成績向上が期待できないことです。生徒数が限られているので、ちょっとした頑張りでは、自分がどのぐらい成長しているかを比較しにくいんですね。コツコツと自分で頑張れるタイプの子は、気がついたら上がっていたということはあるのですが、一定の競争をしながら頑張りたいタイプの子だと、中小塾は伸びにくいと思います。あとは、賢い子がやっている勉強の仕方のコツ――「あんなノート作るんだ」とか「もうテストの復習してる」とか、そういう周りからいろいろな刺激を受けて学ぶ機会は、中小塾では少ないだろうなと思います。

――スポーツや習い事との両立は、可能だと思いますか。

ちゃんとプランを組んであげることに尽きると思いますが、**天才タイプの子を除いて、サッカーとか野球を6年まで頑張って筑駒に行くというのはほぼ無理だと思います。桜蔭に行くのもまず無理でしょう。**理由は、両方とも高い問題難易度に対応しつつ、かつスピードも鍛えなきゃいけないからです。単純に、勉強するべき範囲と量が求められているので、それを両立させるのは、相当のスーパーキッズ以外は無理だと思います。

でも、例えば麻布だったら合格に必要な知識量そのものはそれほど多くはないですから、本人がマニアックな気質を持っているなら、そういう熱中力・集中力をうまく刺激していくことで、スポーツもやめずに合格させることはできますね。慶應系も難問は出題されないですし、問われる知識量もほどほどなので、日々の生活のなかに落とし込むように15分学習を散りばめていくことによって、受験準備をするという絵は描けますよ。ただし、早いうちからちゃんと考えて準備するという条件付きです。時折、両立に成功した事例の表面だけを見て、「あの子はサッカーばっかりやってても合格したから、うちも行けるだろう」という感じで安易に中学受験に参加するご家庭を見かけるんですけど、成功したご家庭は、小学校1年生くらいから手を打ったうえで両立させたのであって、そういう親御さんの陰ながらの努力を無視したらいけませんね。

本当に使える知識は、どうすれば得られるか？

——小学校で安定してちゃんと点数が取れていない状態で中学受験をしたいという相談をさ

れた場合、どのようなアドバイスをしますか。

まずは、本人から状況を聞きますね。「学校の授業ってどんなことするの?」「テストには何が出るの?」「授業受けてからテストまでいつもどういう勉強してるの?」「宿題ってなんの意味があるか知ってる?」とか応答を繰り返すなかで、「習う・理解する・使う・使ったあと修正する、そこからまた習う」という、前の学習ステップが後ろに繋がって、またそれがだんだん膨らんでいくよっていう勉強サイクルのイメージを、子どもが持っているか、親が持っているかの点検から入ります。

そのうえで、勉強の方法をどれだけ知っているか。勉強に対する感情的な抵抗感が何かしらあるとしたら、それがどこにあるか、を分解するようにはします。

「とにかく覚えたくない」もしくは「どうせやったって無駄」と言い張る子には何らかの理由があります。自信をなくしているなら、何歳からそうなったのか、何があったのか、記憶をたどっていきます。そうだと思い込んでしまったきっかけとなる出来事があった瞬間、どういうふうに感じて、自分は能力がないと思い込んでしまったのかを確認します。

例えば、聞き出した情報をもとにこんなふうに言います。「漢字が苦手って言っていたけれど、今の話を聞いていると、単に1週間前学校の授業を休んでたら宿題が出てることを教えてもらえてなくて、ひとりだけやっていかなかったから小テストで点数が取れなかっただけなんだよね。それなのに当時2年生の君は自分には漢字の能力がないとそのときに思っちゃったわけだ。で、今5年生になった君にもう1回聞くけど、宿題が出てることを知っていて、宿題をやって翌日の朝にその小テストでおんなじ漢字が5問出て書くだけでよかったとしたら、できないかな」と。それで本人が、それならできるというなら、「じゃあ、漢字が苦手っていうのは間違った思い込みだから、やればちゃんとできるようになりそうだね」と確認するわけです。

そういうふうにして、**勉強の抵抗感の理由を潰していきます。**勉強できないのは、どういう現象が起きていて、その原因はどこにあって、それは今すぐ解決可能なことなのか、そもそも能力に起因するものなのかを確認することから始まります。それで、やり方を知らなかったら教えてやらせてあげる。まず1週間やってみて、どの程度記憶の歩留まりがある子か試して、改めて計画を立てる。そのうえで、中学受験をするのがその子にとっていいタイミングなのか、高校受験のほうが向いている子なのかをご家庭と話し合いますね。

――小川さんはリビング学習を提唱されていますが、どのような理由からなのですか。

そもそも勉強なんて必死でやるものだと思ってないというのが大きいですね。ぼーっとしているような、リラックスした状態でやればいいと思ってるんです。**自然と入ってくる知識が自分のなかの感覚ときっちり結びついたときに、本当に使える知識になります。**だから、中学受験学習の暗記ものなんて片手間でもやればいいと思っているんですね。瞬間の集中力がある子だったら、テレビのコマーシャルタイムだけやるというのでもいいんですよ。**リビングが一番本人らしさが表現できるんです。生活の場ですから。**その家庭の生活のリズムのなかで、その子の勉強をどう作っていけばいいかを考えれば、一番無理のない、本人にとって力が発揮しやすい勉強の仕組みが作れると思うんです。リビング学習については、親の目が届くからリビングがいいという人もいるし、生活音があるなかでの記憶のほうが植え込まれやすいというアプローチの人もいるし、本人がリラックスできるからという人もいるし、いろいろ理由はありますが、裏返せば、**勉強目的だけの子ども部屋での学習は、結果として能率が悪くなりやすい**んだと考えています。

――僕のやっている知窓学舎も、教室のコンセプトはリビングなんです。ソクラテスや孔子じゃないですけれど、日常のなかに本質的な学びがあると感じています。過集中しないとパフォーマンスが発揮できないようになってしまったら、社会に出てから困りますよね。

過集中の状態だと頭に入らないですし、かといって、完全に静かだと眠くなってしまって集中力が落ちてしまいます。適当にホワイトノイズ［＊10］はあって、リラックスした状態のほうが当然パフォーマンスは上がりますね。あとは、「頑張ってる」という状態と過集中の状態とを混同してしまうと苦しいですよね。

――どうしてもリビングだと落ち着かないというような受験生には、どのような感じでアドバイスされますか。

まず、本人の問題なのか環境の問題なのかを整理してあげたほうがいいと思うんですね。ものすごく耳がいい子、音感が良かったり言葉に反応が高い子は、物音に対して過敏に反応することがあり得るので、静かなほうが落ち着いてできるでしょう。そういう場合はひとりでやらせてあげたほうがいいと思います。何をやるかを確認して、終わったら見せに来てもらって、しっかり褒めてあげる、というふうに、事前点検と事後の評価という前後のパッケージさえちゃんと作ってあげれば大丈夫だと思います。

小さい弟や妹がいて、お母さんはそっちに手いっぱいでリビングで常にガチャガチャしていて、子どもも学習体勢ができていなくて、気になったり一緒に遊びたくなってしまうような場合は、「ここからここの時間はあなたひとりでやろう、ここからここの時間はこっちにいて一緒にやろうね」というふうに、学習上の効率性と子ども自身の気持ちの満足度を程よくバランスを取るように、勉強の設計図を作ります。それぞれの事情のなかで、その子が一番頑張りやすいシナリオを作るように考えますね。

「足し算型」の発想はやめるべき

――小川さんは、辞書に触れる環境を提唱されていますが、多くの家庭では紙の辞書か、インターネットかに二極化しているように見えます。その間に位置する電子辞書についてはどうお考えですか。

便利なものだと思います。調べる時間も短縮されますし。ただ、なんのために電子辞書を渡すかということを明確にしたいですね。言葉の力を育てるためには、まず第一が、わからない言葉をすぐ調べること。そして、言葉を知ったら用例に早く触れることです。

次に、例えば紙の辞書や新聞もそうですが、ひとつの情報の周辺情報との一覧性があることで、同時にさまざまなことを結び付けて学べる利点がありますね。例えば、子どもが辞書で「お城」を調べたりしたら、横に「お尻」があったりして、もう子どもの頭の中では、お城の上にお尻が乗ってるわけですよ（笑）。じゃあ、さらに1文字変えたらどうなるとか、しりとり遊びになっていったりとか、その生きた言葉の学びっていうのは、紙の力だと思うんですよ。もう少し技術が進んで、大判の電子ペーパーが普及し始めたらまた違うかもしれないですね。

――リビング的・辞書的・新聞的ということを考えると、いかにセレンディピティ［＊11］があるかが重要な気がしますね。作曲家でキノコ研究家のジョン・ケージは、ミュージック（music）を辞書で引くとひとつ前がマッシュルーム（mushroom）だったことがきっかけで、キノコを研究して自分の音楽論をキノコで説明するようになったと言っていますね（笑）。

めちゃめちゃ大事だと思いますよ。だから、そういった学びも大事だということをわかったうえで、ひとりで宿題をやらせるときなどには電子辞書の活用も提案しています。あと、電子辞書を使うなら、ヒストリー機能は使わないと損だと思います。調べたことをもう1回振り返るとそのとき読んでいた文章を合わせて思い出せるので、すごく効率のいい復習にはなりますよね。ジャンプ機能で遊ぶのもいいですね。国語から社会に飛んだり理科から社会に飛べる感覚を持つにはもってこいですね。**電子辞書は、調べるツールとして勉強の能率を上げるために使う他に、言葉や知識で遊ぶツールとして使えるということも教えてあげてもいいと思います。**

――うちの塾では電子辞書も使わせているんですけれども、ヒストリー機能消しますよね。いらんこと調べてあとでバレないように消すんですよ（笑）。

そうですね。そこで消すという生活上の知恵も大事ですけどね。シークレットモードを使うとかね（笑）。ともかくデバイスそれぞれが持つ利用価値を、ちゃんと理解して使い分けながら複合的に学べるようにしてあげるのが大事ですね。そのためには、大人側が自分自身のリテラシーを高めていかないといけません。アプリをはじめ学びのツールもどんどん開発されてますし、僕もじゃんじゃん子どもの勉強に使わせます。

例えば、手で書いてたら飽きてしまう計算練習も、計算問題アプリならのめり込んでやる子もいます。僕たちの場合、学習の専門家ということもあって、そもそも勉強の構成図を持っていますから、他の方法に置き換えたりデバイスを追加できるかどうかを判断できるわけですが、**多くの親御さんは、すぐ「ひとつやったらひとつ手に入る」という足し算思考の学習に行きがちです。勉強というのは回すものだし網目のように広がっていくものだから、足し算型の発想はやめてほしいですね。**

こういう話をして思いましたけど、受験勉強と言った瞬間に、「何か決まったメニューをこなすものだ」という思い込みがいつごろ生じたのかというと、ちょうど僕ら団塊ジュニア世代が中学受験をしたころだと思うんです。中学受験志望者が急激に増えて、塾通いする子も増えて、しかもパターン暗記型でセンター試験もパスできた世代なので、受験勉強に対するイメージが強固になっている。そもそも〝学びとは何か〟とか、〝勉強の導入は何だったのか〟ということに、あまり思いをはせないまま大人になっちゃった気がするんです。

——そうですね。僕も中学受験をしましたが、イントロダクションがないまま唐突に、しかもそういうもんだ、という感じで始まったんですよね。

そうなんです。だから、受験勉強と生きるための学びは別ものだと思ってしまってる大人が一定数いちゃうんだと思うんです。そこは非常にまずいと思ってますね。受験しない子であっても、受験勉強で身につけられるものがあるということを、なかなか理解できない。

――指導していた生徒が不合格になってしまった場合、生徒や保護者にどういうような対応をされますか。

全部落ちてしまったということですよね？　それは、難しいですよね。どのような受験のラスト2ヶ月を経た結果の不合格かによって、ものすごく違う話だと思います。精いっぱいやって全滅したなら、一緒に悲しみますね。もうその時点では、こっちとしても想定できない状況が起きているはずなんです。併願校も充分考えて、受験の過程でも、1校落ちるたびにフォローもして、立て直して試験会場に送り出しているはずなので。にもかかわらず合格証をもらえない受験になったら、その親御さんとお子さんと同じ側に回って、一緒に、こんだけやったのになんでやろうね、納得いかへんよねって。

話すというよりは同じ場所に座ってますね、きっと。そういうときって30分、40分何を喋るわけでもない時間が絶対必要だと思います。

受験勉強を通じて一緒にやってきたことの一個一個はまったく消えてないということを、具体的な例を挙げながら一緒に確認していきます。現にできるようになっていると。僕らプロのお手伝いの役割は、身についた能力と、合格証という結果とは、時に切り離さなきゃいけないんです。合格した子には、努力の成果としての証しでもらいました、でいいですが、不合格の子の場合は、こちらとしても納得できないわけです。受験当日、本人が緊張のあまり頭がパーッとホワイトアウトしたとか何かしら理由があるにしても、試験会場に行くときにすでに持っていた能力や可能性と、不合格の結果とはイコールではないんです。だから、切り離して考えますね。それで、目標も決めなくていいので、今日も勉強はしようと言います。漢字を覚え直すだけでいいから、10分でいいからやろうと、机に向かって、勉強したら頭の中にちゃんと残るという感覚を受け入れさせますね。今回は縁がなかったけど、努力をできる自分は絶対に信用しろと。自分を諦めてはいけないということを、なんとか本人が納得するまで付き合います。

あとは「つまずきは、イコール君という人格の失敗ではない」という捉え方ができるように付き合いますね。そして努力をすれば必ず答えは出ることを信じさせ続けます。「努力したって成功するとは限らない」とか寝言を言う大人もいるんですけれど、それは成功の定義が違うだけ。努力した分、絶対成長するんです。その成長は見ていればわかるし、その時点でもうすでに成功しているんです。さらに人から褒めてもらえるかどうかは運だと思って、分けて捉えるべきですね。

中学受験のメリット・デメリット

——では最後に、中学受験という経験全体のメリットとデメリットは何だと考えていますか。

僕は中学受験について、万人に勧めようとは思っていません。子どもそれぞれの育ち方があり、才能があり、子どもにどのように育ってほしいか、育てる自分でありたいかという親の思いもそれぞれだと考えるからです。

そのうえで、中学受験のメリットは、**子どもが自分の力で生きていけるよう、努力が自分の糧になることを教えてあげたい家庭にとって、公平な仕組みに参加できる点だと思います。**勉強は誰にとっても成果を上げられるものであり、運不運や生まれつきの才能、家柄など子ども自身がどうにもならないことでチャンスを失うことなく、自分のチャレンジによって自分自身と人からの評価を変えていけると信じられるところに、価値があると考えています。

大量の知識を覚え、大量の思考練習をするなかで、小学生なりの生活をするだけでは到達し得ない知識と思考の力を手に入れられることは、子どもの成長にとって明らかに優れた時間だと思います。また親にとっても物理的、金銭的、心理的に負担がある取り組みだからこそ、親としても成長でき、子どもの日々の成長に関わる実感と観察眼が養われることも、大きなメリットです。子どもが育つのと同じくらい、親の自分もこの取り組みのなかで成長しようと思える親であれば、家庭全体がいい時間を過ごすことができます。

一方デメリットは、上記メリットの裏返しで、親である自分自身への覚悟と子どもへの絶対的な信頼を抱くことなく、受験に参加してしまう親のもとでは、**プロセスから得られる力と成長に意識が向かず、部分的な結果だけを批評するサイクルに陥る可能性がある点が問題です。**結果で責められる、結果で喜ぶ、「点」の意識での学習は努力が自分を育てること、自分には常に成長するチャンスがあることを子どもに渡してあげられず、自分という存在の捉え方と育て方、作り上げ方をわからないままに入試を迎える悲劇を生むことがあります。

——なるほど。保護者にも多様な情報がバランス良く行き渡って、それぞれの個性や経験に寄り添った学習と出会える受験生が増えてほしいですよね。ありがとうございました。

［＊1］ピーター・ドラッカーが提唱した、同時に複数の仕事や活動を持つワークスタイルのこと。「複業」とも。

［＊2］劇場型といわれる一対多の講義スタイルを標準とする塾。1クラスの人数は10人程度から50以上まで様々なので確認が必要。

［＊3］生徒の個々の状態に合わせて指導をする塾。多くの個別指導塾はマンツーマンではなく、ひとりの講師が同時にふたりから数人を担当することが多い。

［＊4］一般的に中学受験の文脈で「大手塾」といった場合、SAPIX、日能研、四谷大塚、早稲田アカデミー、浜学園を指すことが多い。

［＊5］もともとマーケティングにおける売れ筋の価格帯を指す言葉だが、最も人数が多い層という意味で使われることもある。

［＊6］かつては中学入試問題の指標としての役割も担っていたが、現在は問題も偏差値も独自性が際立っている。

［＊7］中堅校受験生の層が厚く、問題レベルも高すぎない。新しいタイプの受験にも柔軟に対応しているが、最難関の指標にはなりづらい。

［＊8］以前はSAPIX生も受験していたが、現在は最難関受験層が抜けてしまったため母集団は減っている。

［＊9］「基礎学力の定着度」をはかるとされているが、最難関校の受験生を対象にしているので難易度は高い。

［＊10］すべての雑音のこと。

［＊11］予想外のものの発見、偶然の発見。

キャリアとしての中学受験

中学受験という体験から何を得られるのか

中学受験の最大の特徴は、人生で一度きりしかチャレンジできないことです。そのような経験を、小学生のうちにすることにどんな意味があるでしょうか。目標に向かって、どのように計画を立てて、どのように努力をするか。そして結果をどのように受け入れて、糧とするか。これらは社会に出てからも必要なマインドですが、高校受験や大学受験においても動機づけやプロセス、また結果にも影響します。とはいえ、成長段階には個人差がありますから、中学受験がそのタイミングなのかをよくよく推し量る必要があります。小学生のうちは誕生日によっても差があり、早生まれの受験生はそれなりにハンディキャップがあります。中学受験の経験がトラウマになってしまったら元も子もありませんから、時期や方法や目的をその子に合わせてしっかりと考える必要があります。

と、ここまでは一般的な中学受験の話ですが、発想を変えて「合格」を目指すのではなく、中学受験のコンテンツで学ぶ、あるいは楽しむという目的であればこの限りではありません。僕自身が中学受験のシステムについてはいろいろと問題を感じながらも指導を続けている理由のひとつがここにあります。中学受験のコンテンツはこれから広く学んでいくための基礎的な項目がバランス良く網羅されています。体験から学ぶことが理想だとしても、体験してみようと思うきっかけは多様です。本人が自覚していなくても、どこかで目にしたことや誰かの話に興味を持つことから始まっていることがほとんどです。そういう意味において、中学受験の勉強に触れることは、〝知の窓〟を開く効果的な方法のひとつだと考えているのです。ただし、能動的にやる気が起きない、興味が持てないことを無理矢理やらせるのはほとんどの場合逆効果ですから、全範囲をくまなく学習してレベルを上げるような考えではうまくいきません。

あくまで目次的にコンテンツに触れながら、興味を持った教科や項目があれば探究のサポートをして伸ばしてあげる。その過程でやりたいことや行きたい学校が見つかったら、その都度柔軟に方向転換をしていく。そういう気持ちで臨むなら、中学受験というのは魅力的な体験のひとつになりますし、そのような時期を過ごしたことは立派な〝キャリア〟として活きてきます。そのためには、ご家庭だけでなく塾講師もまた、そのような柔軟な考えを持って共に子どもたちに関わっていく姿勢が必要です。

選ぶ塾やプロセスによってどのような違いが生じると考えられるか

孟子に「孟母三遷《もうぼさんせん》」という話があります。孟子が幼いころ、家の近くに墓地があって、いつも葬式ごっこをして遊んでいたので、孟子の母親は場所が良くないと考えて引っ越しました。今度は市場の近くだったので、孟子は商人の真似をするようになりました。孟子の母親はそれも孟子の個性に合っていないし、自分が望むものでもないと考えて、学校の近くに引っ越しました。すると、孟子は学生の真似をして礼儀作法を身につけたので、母親はようやく腰を落ち着け、孟子はその環境から良い影響を受けながら、自らの長所を伸ばしていった、という話です。「まなぶ」の語源は「まねぶ」だという話もありますが、小学生はものすごく人の真似をします。面白いと思っても、ムカつくと思っても真似をします。ですから、周りの小学生が何をやっているのか、大人はどういう態度なのかによってかなり影響を受けるといえます。

まずわかりやすいのは学習スタイルによる違いです。クラスの人数や講師の人間性や経験・技術によるところが大きいので一概には言えませんが、テストで管理するタイプの塾なら具体的な目標から逆算して作業をする契約型の仕事のスキルが身につくでしょうし、宿題が多い塾なら処理能力や忍耐力が、アクティブ・ラーニング型の塾ならコミュニケーション能力やプレゼンのスキルが、探究型の塾なら好奇心を伸ばして自分の興味や好きなことを見つけてとことん調べたり考えたり、といった方法が身につくことが期待できます。ただし、探究型の場合は大人側が能力開発的な「目的」を設定してしまうと本末転倒ですので、あくまで結果論として捉えることが前提です。

最近「塾歴」という言葉を耳にしますが、「学歴」と混同しないように注意が必要です。合格実績や偏差値的に高い受験生が多く通っていることに目が行きがちですが、実際にどこの塾に通っていたのか、塾名が人生を左右することはほとんどないと思います。一部の保護者のエリート意識やプライドを大手塾がうまくブランディングに利用している印象です。しかし本当に大事なのは、どのような学びの場であるのかに尽きます。学校同様、塾にも校風や文化があります。成長期に長時間1年以上通うとなると、多かれ少なかれ人格形成にも影響があります。学習スタイルはもちろんですが、最も大事なのは人との関わりです。

僕は進路指導に必要な知識技能であるという発想からキャリアコンサルタント［＊］の仕事もしていますが、社会に出たときに最も多い悩みは「人間関係」です。会社の理念や、仕事のスタイル、また条件などは入社前にある程度判断して選ぶことができますが、人間関係は選べません。また、一見組織や働き方に問題があるように思えても、話を掘り下げていくと結局人間関係であることが大半です。逆に言えば、人間関係さえ良好なら、他のことはある程度受け入れられる人がほとんどです。これは学校においても同じことがいえます。どんなに校風や学びのスタイルが合わない学校でも、先生との関係や友人関係さえ良ければ6年間は乗り切れてしまいます。もちろん、乗り切ることが最善かどうかは人によりますが、とにかく人生において「人間関係」が最も重要だという価値観に対して、全否定するような人はあまりいないのではないかと思います。にもかかわらず、塾選びにおいてはその要素を蔑《ないがし》ろにしている保護者が多いように見えます。

もちろん、仕方がない部分もあります。広告やホームページからは教材やシステムについてはわかりますが、関わっている講師やスタッフの人間性は見えてきません。ですから、必ず教室に見学体験に出向き、スタッフだけでなく教室長や担当講師と目を見て話すことが大事です。それでも一度会ったくらいではわからないですから、いくつかの塾と比べてみて見る目を養うことも大事です。とはいえ、あまり時間をかけられない方もいらっしゃいますので、その際によくアドバイスするのが「とりあえずトイレを見る」という方法です。これは僕の経験上一番わかりやすい判断基準なのですが、人の育成や生徒一人ひとりに目を向けていないような塾は、大抵トイレの掃除や管理が行き届いていません。

社会に出た中学受験経験者の特徴

自らの中学受験経験について、社会人たちはどのように考えているのかをアンケート調査したなかで、中学受験の特徴が端的に現れているものをご紹介したいと思います。

【桐蔭出身で企業の人事部で働く20代の男性】

ポジティブな面は、「受験中や入学後に出会った同級生は大学まで近しい進路を取るため、社会に出てからも続くような関係が得られた」こと、ネガティブな面は、「周囲からの期待値をコントロールしづらい場面があると思います」。

【暁星出身で編集者として働く30代の男性】

「当時の経験が直接社会生活に影響しているとは思わないが、自身の態度や嗜好性などに広範に関係しているように思う」。ポジティブな面は、「中学受験時も進学後も、自分よりも〝頭の切れる〟〝面白い〟人にたくさん出会えたおかげで、コミュニケーションが楽しかった。また公立小学校での自分自身の人物評と広い社会におけるそれとのギャップを知り、早くからある種の素朴なアイデンティティの危機を経験したことは良かったと思う。自分自身の「個」とは何かを強く意識させられた」。ネガティブな面は、「あんまり面白くない人、ある種の非教養人への興味が著しく希薄になってしまった」。

【同志社国際出身で大手企業の経営企画部で働く20代の女性】

中学受験のポジティブな面は、「初めての挫折と成功を味わえた」こと。中学受験のネガティブな面は、「受験中、何が起きてるか、何を評価されてるのかよくわからなかった」こと。進学後のポジティブな面は、「中高大一貫校だったので、大学までの未来が保障されていて、自分の人生を何に使うべきかよく考えることができた」こと。進学後のネガティブな面は、「赤点がないまま進級ができるので入学後に挫折がなく、そのため自分も含めて基礎がない〝意識高い系〟が多かった」こと、また同級生について「人生の使い方を考える時間があるのに具体的な行動をとる学生の割合は低く、自分探しをしながら昭和的なライフステージを歩いてる印象」で、「同質的な人間ばかりに慣れるので、卒業後も群れやすいと思います」。

【攻玉社出身で英語教育に関わる30代男性】

「帰国子女だったため、英語力が損なわれない環境やカリキュラムと国際的で多様な価値観が認められ育まれる環境を、ということで両親が選んでくれました。もしその時受験していなかったら、中学でグレてたと思います。小学校6年の最後の30日を公立の小学校に通った際は、外国人扱いされてそれだけで結構ダルかったので」。「明確に大切にしたい価値観や伸ばしたいスキルがあったので、その点で受験する価値も明確だったし、学校選びにおいてもわかりやすい目的を持った選択ができたと思います」。進学後は「中高一貫で6年間だったので、時間的な余裕を持った生活を過ごせたと思います。高校受験してさらに大学受験となっていたら、部活や友人関係も、あとアメリカ文化から日本社会に馴染むのも支障が起きていたと思います」。

【女子学院出身で私立中高で働く40代女性】

「私の場合は中学受験で〝知的好奇心〟を知りました。学ぶ楽しさ、ほどほどに競う楽しさ、成長する喜びを教えてくれた気がします。学校の勉強だけでは、いつまでも勉強は退屈でつまらないものでしかなかったと思います。逆に、過度な競争や勉強に自分が耐えられないことを教えてくれたのも中学受験です。塾に通っていましたけど、シゴきが激しくて6年の秋に辞めました。その後はひとりで勉強して、ほどほどに成績を上げました」。進学後のネガティブな面は、「学校は手取り足取り勉強の面倒を見るわけではないので、学習面は苦労した」こと。ポジティブな面は、「その分自学の楽しさも発見できたので、好きな科目に打ち込めました。教師になったきっかけは、高3で先生の代わりに古文の授業をしたことでした。授業準備や実際の授業を通して古文の楽しさ、人の役に立つ喜びを知ったことで、弁護士志望から教師志望に傾きました。また私服の学校だったので、毎日服装を決めねばならず、嫌でもファッションセンスは定まっていきました。今でもファッションセンスが独特だと言われますが、そのときの影響です」。

みなさん進学後の影響には自覚的なのですが、「中学受験自体の影響に関しては聞かれるまで考えたことがなかった」ケースがほとんどで、それ自体も中学受験の特徴と言えそうです。深層に入り込んでしまうのだとしたら、幼児教育同様細心の注意が必要なのかもしれません。最後にちょっと特殊なケースをご紹介します。巣鴨に進学して、その後引きこもりを経験しつつ早稲田大学で応用物理と情報通信を学び、予備校教師を経て映画監督に転身した古新舜《こにいしゅん》さんの回答です。

中学受験のポジティブな面は、「学校という限られた空間ではない場所で、他校の子どもたちと切磋琢磨できたのは、印象深かったです。他校にはこんな才能を持った子供がたくさんいるんだなと視野を広げる経験になりました。人一倍努力をして、得られる達成感や粘り強さはこのときに培われたと思っております。思い出があるのは、振り分けで上位クラスからこぼれた際に、教師から自分で志願して上位クラスに入れてくださいと頼むくらいでないとダメだと言われ、実践したことでした。それだけ何かに食らいつく、規定の枠から外れながらも、ガムシャラに向かい合う精神は今でも大切にできている姿勢です」。ネガティブな面は、「勉強という枠に捕らわれてしまい、想像力や協調性を奪われる点です。この世代の子供には、自由な発想、縛られない考えをいかに育んでいけるかが、大人になって役立つコンピテンシーだと思います。他者と比較しないことや、数字では計れない非認知能力が大切な世の中で〝自分はこれでいいんだ〟という自己有用感をいかに育めるかが大切で、親が子供の目線に立ち、双方で成長しようとする姿勢が大切だと思います」。進学後は、「大菩薩峠越え競歩大会や柔剣道の寒稽古など、文武両道を重んじた独特の行事が多く、精神力が鍛えられ、先輩後輩と触れ合う機会が多かったのが印象的です。一方、発想の固さ、決められたことから逸脱することのできない姿勢はよく感じます。20世紀の知識偏重型では大変有益な教育だったと思っておりますが、21世紀の多

面的でひとつの解に縛られない発想が必要な時代には、だいぶ時代遅れな気がいたします。教員の方々の教育に対しての姿勢も少し時代から取り残されている気がいたします。古典的な精神、歴史を大切にしながら、柔軟性・協調性を育む教育に変容できるかが巣鴨に求められていると思います」

クリエイティブな感性を育てやすい学校もあれば、縛ってしまう学校もあります。しかしその影響が長い人生でどのように価値を持ってくるかはわかりません。僕自身も保守的な学校に進学したにもかかわらず、変わったキャリアを歩んでいるのですが、進学した中高と合わなかったことが、自らの興味を探究しながらいろいろやりつつも、教育に関わり続けよう決心した理由のひとつです。たとえそのときはネガティブであっても、その経験を糧にして結果的にポジティブに転じることができるような素養を身につけていくことが大事で、それをそっと後押しするような環境づくりが、関わる大人全員に求められています。

［＊］職業選択や職業能力開発、職業生活設計に対して助言や指導を行う国家資格保有者のこと。「職歴」や「学歴」だけでなく持続した「経験」もキャリアと捉える。

第2章

保護者のマネージメントの重要性

齋藤達也（中学受験コンサルタント）

その子が受かりそうかどうかは、偏差値よりも過去問との相性を見れば一発でわかります。問題との相性では、偏差値10ならひっくり返ると思っています。

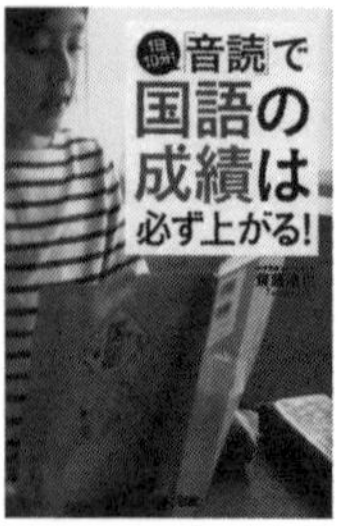

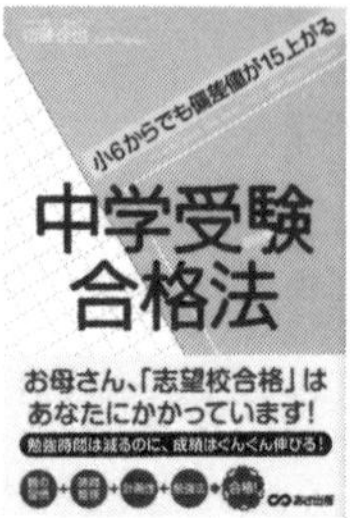

PROFILE●さいとう・たつや
1976年、横浜市生まれ。小学校5年生の春から塾に通い始める。本人のやる気は決して高くなかったが、親のしっかりとしたサポートがあり、中学受験に成功。聖光学院中学校・高等学校に合格する。ここで中高6年間を過ごし、東京都立大学（現・首都大学東京）法学部法律学科に入学。大学卒業後は一般企業に勤務するも趣味でつくった中学受験体験談のHPの反響があまりにも大きかったため、中学受験コンサルタントを始め、いつしか本業に。これまで合格に導いた親子は500組以上。主な著作に『小6からでも偏差値が15上がる中学受験合格法』『1日10分!「音読」で国語の成績は必ず上がる!』（以上、あさ出版）などがある。ホームページ『偏差値40からの中学受験 私立中学へ行こう!』（http://www.press2u.com/index.html）、『国語の達人』（http://kokugo.j-tatujin.com）

――インタビュアーとは同世代で、同じ地域で中学受験をした者同士ということで、本日はよろしくお願いします。

よろしくお願いします。

――早速なのですが、受験勉強はいつから始めるのが良いと思われますか？　齋藤さんは中学受験経験者ということで、ご自身の経験も併せてお聞かせ願えますか。

僕自身は4年生の2月、いわゆる新5年生から始めましたね。僕には6つ上の姉がいて彼女も中学受験をしているんですけど、僕が受験したのも姉がしていたからというか、中学って受験しないといけないものだと思っていたんですよね。近所の公立中学も含めて中学というのは受験をして、それなりのなんらかのテストを受けて行くもんだと思っていたんです。

僕は日能研に通っていたんですけど、母親いわく、姉も日能研に行っていたから僕も行きたいと言ったらしいんですね。まったく記憶にはないですけど。それでなんとなく受験して結果的には聖光学院に進学しました。思い返せば、当時受験をする子というのは明らかに頭が良かったですよね。自分で言うのもなんですけど。

――確かに、僕らの時代は日能研の入塾テストに受かるための塾もありましたね。だから、通塾圏内の各小学校のトップが集合しているような印象がありましたね。

そうですね。だから、小学校のクラスのなかでも明らかに賢い。当時は今みたいにいろいろな所に中学受験塾がなかったので、1カ所にいろいろな地域から集まってきて、そういう友達と会うのも楽しかったですね。電車で30分以上かけて通塾していた子もたくさんいましたしね。受験をする子は珍しいから、小学校では僕のことを直接は知らなくても僕が受験をするというと、「まあ、齋藤君ならするんだろうね」という噂が流れたり、進学先で半分くらいが知り合いだったりとか。でも、今はもう全然そういう時代ではないですね。

本格的に受験するのであれば、4年生からの塾通いは必須

――クラスの半分以上が受験するという小学校もありますからね。そのような変化も受験勉強開始時期に影響しますか。

本格的に受験をするのであれば4年から塾に行っていないと、もうまったく間に合わないですね。それはもう塾と学校のレベル差がありすぎるので。

4年の勉強は、内容的な面では受験では役に立たないと思うんですけど、日能研とか四谷大塚とかSAPIXとか、いわゆる大手塾に5年から週3日以上通って、予習・復習してテスト

を受ける体制を作るには4年で1年間通わないと。肉体的な体力もそうですし、塾のカリキュラムに乗って無理やりやらなきゃいけないという精神的な面を鍛えるうえでも、もう4年から行っていないと間に合わないだろうと思います。

——ハードな受験勉強への耐性をつけるということですね。最近は大手塾を中心に通塾開始時期がどんどん早くなっている傾向があると思いますが、その点についてどうお考えですか。

早くから行きすぎるのも逆にいろいろ問題があると思いますね。

横浜の私立の小学校に通う生徒を直接教えたりする機会も多いんですけど、もう週7で予定が入っているとかという状況で、勉強が嫌になっているケースも多いですから。

勉強に限らず、水泳だとかなんだとかすごく入っているので、それこそ6年の途中で疲れ果てている子も多いんです。そういう意味では受験に関しては4年ぐらいから始めるのがいいのかなと。

その前段階として、好みにもよるんですけど、公文だとかそろばんだとか、最低限の勉強的な基礎は経験しておいたほうがいいと思いますね。

結局、頭がいいとか悪いとか、勉強ができるとかできないとか、小学生の段階では錯覚だと思うんですよ。僕なんかは人よりちょっと早めから6つ上の姉と同じ教育を与えられていたので、公文には幼稚園の年長から行ってどんどん進めていきました。だから小学校に入ったときに、算数の授業は公文ですでに全部習っていて、「なんで周りの人たちはこんなのがわかんないんだろう」と不思議でしたね。当然習っているからというだけなんですけど、「僕、相当賢いんじゃないか」と錯覚しましたね。そういう錯覚の蓄積も大きく影響するのかなと思うんです。

あと、中学受験における4年生の算数なんていうのはほぼ計算なので、計算さえできれば点が取れてしまう。計算というのは本質的な頭の良し悪しとは関係ない。ただの訓練ものなので。ちょっとやっていて受験に取り掛かったときに、「俺、頭いいかも」「わたし、できるかも」というふうな錯覚が、その後の2年のアドバンテージを生むのかなと思います。

だから、**ちゃんとした受験勉強というのは4年からでいいと思うんですけど、その前に漢字だとか計算だとか、本質的な能力とは関係ないんだけれども、やればできるものはやっていくといいのかなとは思っています。**

保護者がマネージメントすることの重要性

――4年生のとき大手塾でかなり成績が良かった生徒が、5年生になった途端に成績が下がって、本人も保護者も混乱するケースがあります。そういう場合どのようなアドバイスや指導をされますか。「あのときできたんだから、今できないのはさぼってるに違いない」と保護者がスパルタになってしまうことも少なくないですよね。

ありますね。それは完全にSAPIXのαから落っこちていますよね。SAPIXのテストで全部の点を取るというのは不可能だと思うんですよね。

では、どこを勉強すればいいか、僕がよく言うのは、授業を受けてきて、①「できた」ところ②「解説を聞いたらわかった・間違えたけどわかった」ところ③「さっぱりわからない」ところに仕分けして、②の「解説を聞いたらわかった・間違えたけどわかった」ところを重点的にやる。でもスパルタな親御さんほど「さっぱりわからない」ものをやらせがちです。それを完全にカットしない限り、永遠にやらなければいけない。

――女子校ではほとんど入試で扱われないのに、「てこと滑車」の複合問題やニュートン算をやらされて、嫌になってしまっている女子も多いですよね。

「応用問題ができない」と言う親御さんはまったく答案が見えてないですね。そういう親御さんというのは、おそらく自身が昔から賢かったタイプが多くて、問題の難しい・難しくないの基準が間違っているのではないかと思います。

もうそろそろ自分が中学受験を経験したという団塊ジュニア世代の親が増えてくるとは思う

んですけど、まだ初めての受験が高校受験だというタイプのお父さん・お母さんが多い。

彼らは受験勉強というと自分の中学時代を想像するわけです。でも、中学生ができる量と小学生ができる量の差はやっぱり違うのと、本当にやりたければ自分で努力できるはずだという思想をどうしても持ってしまいがちですね。

――中学受験は保護者の影響が特に強いですからね。やはり保護者次第という部分もあるとお考えですか。

僕なんかは、いろいろなところで言っているんですけど、100パーセント親に作られたタイプなんです。要は、自分の意志ではまったくやってない。親が全部計画を立てて、それに基づいてやっていただけです。「**自分で考えたり計画が立てられない子は偏差値の高い学校には受かりませんよ**」と**塾はよく言うんですけど、そんなのは嘘というか。少なからずそうじゃなくても受かっている人間というのは存在しています。いかに親がマネージメントしてあげられるかが重要です。**

だから**あまり成績が出せない子というのは、まったく勉強してないというケースもあるんですけど、やってはいるけれども、結局親御さんが難しいものを長時間やらせている、もしくは、親御さんがやれやれとは言うけれども具体的に何をやれという提示はしていないケースが多いですね。**

そうすると子どもとしては、「よくわからないから宿題をやるよ」となります。だけど、宿題をやりましたで終わってしまう。結局宿題をやるというのは、授業で聞いてきて、わかった問題とわからなかった問題を仕分けする作業にすぎないんですね。できた問題というのは、要は宿題をやらなくても解けていた問題なのでこれは最初からどうでもよくて、もう一方のできなかった問題をどれだけ埋めるかという作業が重要なわけです。

でも、子どもの意識としては、宿題をいっぱいやったというのでもうクリアになっている。クリアになっているので、「できなかった問題をもう1回繰り返さなきゃいけないんだよ」ということを誰かが指摘する必要があるんです。だから、それがわかっている保護者の方であればやらせるので、必然的に成績は上がっていくでしょうし、わかっていない場合、勉強時間はかけていても宿題以外の難しいものをさらに足していくことになる。**宿題以上のものをやらせても、よっぽどできる子でないと効果はないと思うんですよね。**

――大学受験でつまずいている子たちも、何をすべきかの仕分けができてないですね。マッチョにやろうとして、それで進まないと、次々に新刊の参考書に手を出してしまいます。また、そういう受験生が買いたくなるような、うまい参考書が多いですね。

どうしてもすぐ買いたくなりますよね。単語帳をいっぱい持っている友達もいました。いっぱい持ってはいるけど全部「A」のところしか終わってない、という。だから、**僕が指導して**

いる経験でいえば、直前に余計な参考書に手を出してしまうご家庭というのはやはり駄目ですね。1冊を決めてガーッと回したご家庭は、やはり結果が出ますしね。

――過去問の取り扱いについては、どのように指導されていますか。

本命の学校に関しては、算数と理科は繰り返しやらせます。国語に関しては、1回はやりますけど、繰り返すこと自体にはあまり意味がないと思っています。繰り返すよりは、年度をさかのぼって増やしていったほうがいい。社会に関しては時事問題以外はやってもいいかなとは思います。ちょっと古い過去問だと「小泉の郵政改革」とか出てきてしまいますが、もう「小泉って誰だよ」という世代の子どもたちですからね。それをやっても意味はないと思います。

あとは、答え合わせだけではなくて解説を何度も読むことを推奨していますね。ただ、そんなに過去問をグリグリ回せば受かるかと言われるとそうでもないかなと。**僕は、夏期講習のテキストを回し続けるのがベストかなと思います。**

――大手塾の夏期講習テキストはどこもそれなりに使い勝手がいいですね。全範囲を網羅して効率良く復習と演習ができるようになっています。

はい、コンパクトで出来はいいですね。それが1冊できるようになっていれば、最難関校とまではいきませんが、芝とか攻玉社とか鎌倉学園とか逗子開成とかという、いわゆる上位校あたりまでならどうにかなると思いますね。ただ、今は学校が偏差値的にも二極化してしまったのでなかなか対策が大変ですよね。

重要なのは子どもと塾との相性

――一昔前の受験とはだいぶイメージが違いますよね。偏差値ももちろんですが、学校名が変わったり、共学化していたり、大学付属になっていたり。

僕らが受験生だったころは、逗子開成はだいぶ入りやすかったですよね。僕なんかも、「開成の偽モノだ」とか言ってて（笑）。それが今やもう逗子開成なんて入れないですからね。だから、そういう昔のイメージで結構おじいちゃん・おばあちゃんから、「そんなところを受けさせるのか」と言われることもあるんですよね。洗足なんかも今入れたら完全に勝ち組ですけど、やっぱりお年を召している方だと、洗足は金髪の子しかいないようなイメージを持っていたり……。

逆に桐蔭は、僕らの時代はそこそこ入りにくい学校でしたけど、今はかなり入りやすくなりましたしね。

そういうふうに学校も何年後かにはもう変わってしまうので、どこを受ければいいかの選択が難しいですね。だから、逆に昔から名の通っている学校にどうしても人気が集中してしまうということもあるかもしれませんね。

――本番の練習として1月受験［＊2］をすることに関してはどうお考えですか。

1月受験は正直どうなのかな、と思っています。明らかに本番で力が発揮できない子に関しては、絶対に受かる所を受けさせます。それ以外の子に関していえば、あまり受けてもしょうがないかなと。受験会場まで長距離の場合が多いですしね。

――齋藤さんがコンサルティングや指導されている受験生は、塾に通っているケースが多いですか。

基本的には通っている子を想定はしているんですけど、たまに通ってないという子もいますね。そうするとコンサルティングというよりは完全に家庭教師的な感じになってしまいますね。

本来、中学受験は塾に通わないと正直厳しいかなと思います。もちろん塾に通っていれば受かるとは決して思わないんですけど。ある一定のペースで物事を進めていかないと、決して全範囲終わるものではないので。

どういうふうに勉強を回していかないといけないかというペースメーカーが必要です。

本当に上位校を受けるのであれば、それこそSAPIXだったり日能研だったり四谷大塚だったりの大手塾に行かないと、おそらく厳しいだろうなと思います。

どこでもいいとはいいませんが、一定のペースで進めてくれる塾に通っていたほうがいいですね。本人のペースで進めるというのもそれはそれで大事なんですけど、「今一般的な中学受験生はこういうペースで進んでいるよ」という基準がないと難しいかなと思います。

――塾によってペースもちょっと違うじゃないですか。例えばSAPIXは、6年生までに一応ひととおり範囲を終えて、残りの期間は繰り返し演習をしますが、日能研だったら全範囲を終えるのは夏になります。そういった違いというのは、何か影響していると思いますか。

結局、塾との相性ですね。速く回すスタイルのSAPIXに合う子というのは、やはり成績上位の子でないと駄目なんでしょうね。「うちの子はサピに行っているから大丈夫」と思っているお母さんというのは多いんですけど、「いや、そのクラスだと意味がないですから、他の塾に移ったほうがいいですよ」と内心思っていたりもしますね。

――担当されている生徒が、通っている塾に合ってないなと思ったときに、どのようなアドバイスをしますか。

僕のほうから「塾を変えたほうがいい」とは言わないですね。今の塾に合っていないと思うのだけど転塾するべきかなど相談されれば答えますが。**ただ、合っていないかもしれないというのはあくまでも大人が効率がいい・悪いで見ているだけで、子ども自体がその塾を気に入っているケースもあります。そのときに、子どもが気に入っているものをけなすことというのは本人自体を否定することになってしまうので、あまりメリットがないです。**

だから、子どもも含め家全体で、授業が嫌だとか、宿題が嫌だとか、ここの塾はこうこうで嫌だ、というような共通認識があるのであれば、転塾という選択肢も考えられるとは思うんですけど。

例えば、子どもがどう思っているのかわからない状態で、僕のほうからやめましょう、変えましょうと言うことはあまり得策ではないのかなと思っています。

ただ、例えば、「宿題が多すぎるので、この範囲はカットしましょう」というふうに、その子に合ってなさそうな部分を削るとか、そういう指導になりますね。

一定以上の計算力と国語の重要性

――中学受験をするうえで、「受験勉強」を始める前に準備しておくべきことなどありますか。

やっぱり一定以上の計算力でしょうね。本人が計算をするときに、「計算って嫌だな」と思わない程度の能力はどうしても欲しいですね。

結局、頭がいい・悪いというのは、なんとなく算数ができる・できないということで評価されるんですよね。子どもの考え的にも親の評価的にも。

そのときに、模擬試験の最初の問題なんてほぼ計算ですし、そこを全部取ってくるか取ってこないかで見栄えも違いますし、続くテスト問題にスムーズに入っていけるかどうかが全然違います。

また、計算が得意な子というのは難しい問題でも人海戦術で解いていくことができるという強みもあります。全部書き出して、全部計算しちゃう。本当はもっと簡単な方法があるんですけど、最悪それでも解けるというのは大きいですね。

――計算力をつけるためにお薦めの方法はありますか。

ひとつは、小数を分数に直して分数を小数に直すことができるようにすることですね。

当然ですが四則演算のルールを知らないという子はいません。小数と分数がごちゃっとなった計算のときに、どっちに揃えるべきかというのを迷う子が多いんです。**最低限の少数と分数を覚えているかということも大事ですね。「0・125」を見たら「8分の1」に自動的に直せるとか、どれだけその数値を覚えてしまっているかが鍵ですね。**

あとは、**基本的な計算ミスのパターンを親が早めに知っておくことですね。間違えというのは、だいたい決まったパターンがあります。**

例えば、繰り上がり・繰り下がりが駄目な子もいますし、あとは、どのレベルの暗算から間違える率が高くなるのかがわかったら、そこに関して暗算を禁止にするとか。

実際、計算力を上げるというのはなかなか難しいと思います。大人でも間違えるときは間違えるので。もう1回、目で見て暗算をし直すとかチェックをし直す癖がつくかどうかだと思うんですよね。だから、自分が間違うパターンを把握しておけば、チェックしやすいです。例えば繰り上がりをよく間違えるなら、繰り上がりだけは必ずもう1回目で見て確認しなさい、と指示するとか。

僕自身は、「15×6」と「16×5」みたいな、入れ子の数字の計算をよく間違えるんですよね。例えば「15×6」は「90」ですけど、それを「16×5」の「80」だと思い込んでしまう。だからそういう計算は暗算せずにちょこちょこっと計算したりしますね。

あとは、4桁÷3桁とか。ちょっと桁数の増えた掛け算・割り算は練習したほうがいいですね。ミスが起きるのは複雑な計算よりも、そういうところなので。

――大手塾では算数至上主義的な考えもよく聞きますし、受験生や保護者からもとりあえず計算を、算数を、という声を聞くことが多いですが、中学受験は国語力がベースになっている部分が多いように思います。正答率が低い問題は連体修飾・連用修飾が多かったり。その辺をどう思われていますか。

僕もそう思っていますね。テレビ番組とかで中学受験生に密着しているとき、だいたい出てくる授業は算数ですもんね。理由はわかりやすいからでしょうね。

対外的には算数が大事だと思っているんですけど、突き詰めればやはり国語ですけどね。

例えば、問題文は全部日本語で書かれているし、授業だって日本語です。教科書に書かれていることも試験の問題文に書かれていることも日本語なんだから、日本語が正確に読めなきゃ話にならないでしょ、というような理屈が、悩んでいる保護者の方には非常に通りやすいですね。

例えば5年生に入った時点ではそんなことはないと思うんですけど、入試問題とかになってくるとやたら問題文が長い。理科・社会にしても、リード文が長すぎたり。だから、もう嫌になって読んでいないという子もいるんですよ。そういう子は、答えを見れば「こんなの知ってたよ」と言うんですね。あとは、「ちょっと忘れてた」とか「これは聞かれ方が違った」とか、いろいろと言い訳はするんですけど、**単純にいえば、もう問題を読めていない。大前提として文章を読めない子は受からないですよ。**

――国語の読解に必要な文法知識や読解技術として具体的にどのようなものが挙げられますか。

接続詞と指示語ですね。言い出したらきりはないんですけど、とりあえず接続詞さえわかっていれば話の筋はわかるかなと思います。

なかでも特に、逆接と換言の接続詞だけは読み取ってほしいですね。基本は『しかし』と『つまり』ですね。指示語は、『あの』『その』『この』。これに関しては、『この』が指している内容を書きなさいとかっていう設問があれば意識はするんですけど、文章中に指示語なんて腐るほど出てきますからね。それを意識して読む。もちろん無意識でも構わないんですけど、しっかり読み取れるということが大事です。

細かい文法問題が解ける必要はまったくないです。最低限、その文章を一読したときに、説明文だったら話題と主張と結論の3つがわかってくれれば、まあまあ設問は解け

るだろうと思います。

筆者が言いたいことというのはいくつかあるんですが、例えば「中学受験はいいですよ」というのが僕の主張です。「だから皆さん中学受験をしましょう」というのがそこから導き出される結論になります。その主張と結論がきっちり読み取れないと、「この文章は何を言ってますか」というような内容のときに、主張ばっかりを捉えて筆者が結局何を言いたかったのかというのが書けなかったり、選択肢で選べなかったりしてきます。そのために分けて捉えられるようにしたいですね。いわゆる敬語とか語句の用法とかに関しては、読解においては必要ないですね。連体詞がわかる・副詞がわかるとかそういうのは、別に読解に関してはいらないかなと思います。

――そのような知識や技術を身につけるために、どのような学習法が効果的だと考えていますか。

そうですね。**僕は、国語に関して言えば、音読と要約をしてほしいですね。それをやればわかりやすく結果が出るとは言わないですが、文章がわかれば設問は解けるだろうというのが基本的な考え方なんですよね。**

だから塾の授業だと文章を読んで設問を解くということを繰り返すんですけど、文章がわからない状態で設問を解いても、あまり意味がないと思うんですよね。

だからよく、「どうすれば国語ができるようになりますか」と聞かれたときには、もう「ひたすら音読をさせてください」と答えています。

あとは、「先に設問を読んでからやる方法ってどうですか」と聞かれるんですけど、「国語力のある子ならいいと思いますよ」としか答えられないんですよね。苦手だからそれをやろうというのはちょっと本末転倒というか、それができる人は国語がもともとできる人です。

「偏差値」は参考値程度――重要なのは「過去問との相性」

――塾に通わないで中学受験は可能だと思いますか。またそういうご家庭にどうアドバイスしますか。

難しいですね。やはり塾には行ったほうがいいと言いますね。

多いのは、塾に行かせずに受験がしたいということではなく、行ったけどついていけないパターンですね。とりあえず、大手塾に行ったけれど、塾のペースにはまったくついていけなくて、子どもも嫌になっちゃった。でも中学受験はさせたいと。だから家でやったり、週に1回くらい誰かに見てもらうような形になりますね。

そういうケースというのは、比較的塾に丸投げタイプのご家庭なんですよね。子どもにやりなさいとは言うけど、丸投げなので子どもだけではそのペースには追いつけない。なので、当然宿題の提出なども間に合わないので嫌になっていく。

――例えば、大手塾のなかでは日能研では予習を禁止しています。考え方によっては、塾に丸投げすることを推奨しているようにも見えます。保護者のなかには、予習をすれば成績が上がるのに、面談で注意されて、予習をしなくなったら下がったなどという声も聞きます。

予習するなということに関しては、僕はもう無視ですね。特に算数は、1回なんとなくのざっくりとした話を聞いているのと聞いていないのとでは、やっぱり違うんですよね。

例えばひととおりなんとなく予習してこの問題はわかった・この問題はわからないとかという仕分けをしておけば、わからないものだけ重点的に聞いてきたり、そこをうまく質問してきてくれればいいと思います。

もちろん、予習しなくても毎回間に合っているのであれば別にやらなくてもいいです。ただ、どうしてもついていけてないというのであれば、1回もう先にやっちゃったほうが早いですね。あと、わかっているものを聞くほうが精神的に楽ですよね。わかっているから授業を聞こうという気にもなる。たぶん日能研が言っていることは、予習をさせるともうわかっちゃってるからといって授業を聞かないからというケースを想定しているんだと思うんですけど。まあ、わかっていないもののほうが聞かないですよね。先生に解き方を教わって「ふむ」と思うよりも、自分で解けた実感があるほうが楽しいし感動するんですよね。

国語とか社会とか理科に関しては、予習しても予習しなくてもあまり変わらないと思います。例えば、社会の歴史を1回予習して授業を受けたとしても、全部覚えられるものでもないので、当然そのあとに何度も反復することが重要になってきます。だから予習しなくても別に構いません。

——塾のクラスの適正人数についてどう思われますか。

自分で解けた実感が味わえない限り楽しくはないんですよね。だから、それに関してそもそも塾の授業ではなかなか難しいかなと思います。

これは別に塾が悪いというわけでもなくて、「1対多数」の授業でその子がここら辺までヒントを出せばひらめくとかというピンポイントの授業を、1対30とかでやることというのは、まず不可能なので。

だから、やっぱり誰かがそばについて教えないと難しいですね。そんなに塾の授業って聞けないですよね。

僕も中学受験生当時に習っていた人を何人か覚えていますけど、「すごい怖い」か「すごい雑談してる」かとか、どっちかというとその辺の記憶ばかりですね。勉強に関しての記憶はまったくない。「この人、教え方うまかったな」という記憶はまったくないですね。でも逆に、そういう人のほうが、ほんとはうまかったのかもしれないですけどね。

——大手塾生以外の受験生にはどこの模擬テストを勧めていますか。

模擬テストに関しては、どのレベルの学校を受験するかですね。とりあえず、どこも受けてないのであれば首都模試で様子見ですね。最難関だったらサピックスオープンですかね。あとは、四谷大塚の合不合でもいいかなと。首都模試だと簡単すぎる子たちで、SAPIXで点数取れない子が日能研でしょうか。歯が立たないと、受けても正確な数字が出ないですからね。母集団の問題もあります。四谷の合不合はSAPIXが受けなくなっちゃったから、データとしては弱くなりましたね。あと、日能研は偏差値が謎ですね。出す数値が他の塾と違う。

——確かに偏差値が当たらないという事例は、ものすごく多いですね。あとは問題傾向がこれだけ違うのに、1種類の模試で判定するのは無理がありますよね。偏差値についてはどうお考えですか。

偏差値なんて、あってないようなものですからね。僕はマラソンでいう第1集団・第2集団・第3集団みたいな感じで、「ここら辺かな」というようなグループ分け程度にしか考えてないですね。

だから、偏差値60持っている子がＲ４［＊3］**の偏差値で58の学校に１００パーセント受かるかといったら、受からないですよね。**

――過去問や出題傾向や出題形式との相性はどのくらい大事にされていますか。

その子が受かりそうかどうかは、偏差値よりも過去問との相性を見れば一発でわかります。問題との相性では、偏差値10ならひっくり返ると思っています。

僕が教えていた子の話ですが、彼は慶應の普通部に行きたかったんですね。でも過去問を解かせたら、まあ合わない。その子は、模試で2桁台の順位なので、偏差値的に考えればもう絶対に受かる。どのテストを受けても、合格可能性80パーセントが出る。でも過去問は、できないんですね。

じゃあちょっと慶應中等部の過去問をやってみようと。そうしたら、できるんですね。本人は普通部に行きたかったので、お母さんに「普通部は受けましょう。たぶん受からないですけど、その代わり中等部を受ければ、どの道行き先は一緒なんで」と言ったんです。

結果は、案の定普通部は受からない、中等部は受かりました。**偏差値はある程度の目安にはなるけれども、最終的には過去問との相性なのかなと思いますね。**

――そうなると、志望校ごとの対策が効果的だということになりますね。

それはそうなのですが、よく大手塾が、後期から直前にかけて志望校対策や日特とか組みますけど、近い偏差値の学校を集めて実施する意味がわからないですね。男の子に女の子の学校の過去問解かせたりもしているので。

でも受講料の引き落としのタイミングとかが絶妙なのでやめようかと考えたころにはもう参加が決まってしまっています（笑）。

適性検査型や思考力型の中学受験にどう対応すべきか

――中学受験も適性検査型だとか思考力型の出題が増えてきて、大手が対応できなくなってきている学校も多いですが、それらに関してはどうお考えですか。

そこに関しては難しいですよね。難しいけれど、やっぱりベースがないといけないと思うんですよね。**知識的なものに関して中学受験のベースの知識があって、かつ結局は国語力だと思うんですよね。**

例えば文章を読んでどう思うかというのも、それに関して答えるべき最低限項目というのもベースの知識ありきだと思うんです。一見自由記述のように見えて自由記述ではない。なので、世の中のルールとしてこう答えるでしょ、というルールありきなんですよね。**一見正解がないように思える問題でも、正解はあるんですよね。ちょっと言い方は良くないかもしれないですけど、建前が答えられるかということなんですよ。つまり、小学生の本音は求めてない。**日々の生活であったり、勉強を通じて建前を答えられるかという部分なので。やっぱり女の子のほうが、そういう出題には比較的強いと思うんです。これはもう、小学生のときから女の子たちはすでにグループに所属しているので。

男の子の場合はサッカーをやる友達、休み時間に遊ぶ友達とかいろいろなグループが作れますけど、女の子の場合は何をするにも一定の友達なので、常に本音と建前の世界で生きている。男の子なんて本音と建前があることにすら気づいてない子も多いと思うんですよ。

ただ、国語の説明文なり物語文なりを読んでいくなかで、そういう世界があるということを、自分の身近な経験として実感できる・できないというのは、文章にどれだけ触れているか・理解しているかということなので。「文章を読んでください」ということが最大の対応になるのかなと思います。

なるべく多くの文章、大人の文章を読んでほしいですね。ただ、好きなものを読んでも文章を読む力は上がらない。好きなものはどうせいくらでも読めるので、つまらないものをどれだけ読めるかということだと思うんですよね。

だから、僕は、**いわゆる日能研が出しているような「国語の『中学入学試験問題集』を全部読んどけ」と言いますね。**

「設問解かなくていいから文章だけ毎日1本読め」と。あれを1冊読み終えたころにはなかなかの力はついていると思うので。

――でもなかなかやってくれないですよね。そういう場合はどのようなアドバイスをしますか。

やってくれないですね（笑）。でも、そういうのを信じてやってくれるご家庭はやっぱり成績は上がりますよね。

基本的には音読ですね。保護者の方には、そばについてなくてもいいから、例えば料理を作っているそばで読ませるとか、何言っているかわかる程度で構わないので、どんな形でもやっぱり見ていてほしいですね。びっくりするほど読めない子とかいますしね。

そういう場合は、日常会話からおかしい場合も多いですね。文法的にはメチャクチャなんだけれど、親だからわかっちゃうんですよね、何を言っているのか。

だから本を読むなり喋るなりしてほしいですよね、親子で。しょうもない話でもいいから聞いてほしいんですよ。でもなかなかやってくれないんですよね。

僕はいつもお母さんとかお父さんに「毎日1回、できれば3回褒めてください」と言

うんですよね。どんなことでもいいんで。全然勉強と関係なくてもいいですし。そんなことまで褒めていいのかというような、「なんでもいいので褒めてくれ」と。やってくれている人が1割いるかいないかですね。褒めるって、やっぱり難しいんですよね。僕も「お子さんを褒めてください」と言うたびに、「1日1回妻を褒めよう」という作戦をやるんですけど初日で挫折します（笑）。

例えば今日もこういう話をしてきたので、帰ったら褒めようと思うじゃないですか。でもたぶんもうしょっぱなから、「なんでここ片づいていないんだよ」とか、腹立ちムードになって褒めないですね（笑）。でもやっぱり、いいところは意図的に見つけようとしないと見つからないですからね。

受験勉強とスポーツや習い事との両立は可能か？

――スポーツや他の習い事との両立に関してはどのように考えていらっしゃいますか。

家でやらないもので、塾ベースで組めるようなものであればありだと思います。

例えば水泳であれば別にそんなに通うものでもないので、空き曜日に組み込めますよね。今指導している生徒のなかにスケートをやっている子がいるんですけど、その子なんかは最後まで続ける気満々です。たぶんプロになりたいわけでもないですし、好きで行っているだけなんでね。そういう意味で、ひとりでできる系の習い事やスポーツであればいいのかなと。**チーム戦で毎週試合とかあるスポーツはなかなか厳しいですよね。5年ぐらいまではいいと思うんですけど、もう6年になったらやめたほうがいいですね。土日が潰れてしまうようなものや、休んだときにチームに迷惑がかかるような競技との両立は難しいと思います。**

――なぜ中学受験をしたいのか、優先順位がどうなのか、何をトレードオフするのかを明確にしたほうがいいですよね。

そうですね。**中学受験を選ぶならそこそこの犠牲がありますから、結局中学受験を本人がする気なのか親がさせたいのかをハッキリさせたほうがいいですね。子どもにどのような心構えをさせるかという意味でも。**

僕は中学受験をして良かったと思っていますし、中学受験することをいいことだと思っているんですけど、その代わりにいろいろなものが犠牲になります。

だからその覚悟を、例えばサッカーがやりたいんだったらちょっと受験は無理だとか、受験できたとしても難関校ではなくて、ほどほどの所にしか行けないとか、もしくはそのまま公立行くかもよとか。

例えばゲームもしてテレビも観て漫画も読んでスポーツもやって、でも受験をするって、それはもう不可能だよ、と思いますね。

逆に、一貫校に入ってしまえば少なくとも高2の夏までは好きなことができます。だから、「中学でやるのか今の1、2年やるのかどっちを取るかという選択をしてね」というような言い方をします。それこそ、大学まで進める学校に入ってしまえばもうやりたい放題ですからね。だから、「それなりに犠牲はあるんだよ」ということは理解してもらわないといけないのかなと。

――保護者の方も覚悟をもってサポートすることが大事だということですね。

そうですね。あとは**合格しても、すべて薔薇色という話ではないので。**入学後も、必ずしもいいことだけが待っているかと言われたら別にそういうものでもないですし。

だから、**保護者の方にも「それなりの犠牲はあるんだ」ということをわかってほしいですね。思ったように子どもがやらなくて腹も立つこともあるし、今まで以上に思いどおりにはいかないわけですから。**

偏差値が足りなくても、「子どもが受けたい学校を受けさせること」が重要

――僕自身、中学受験は乗り切ったのですが、学校が合わなくて不登校気味でした。そういう合格後のリスクも、ある程度提示したほうがいいと思いますか。

どこの学校に行くかという選択権を誰に与えるかで変わってきますよね。

僕の場合は、受験前に一度も聖光に見学に行っていないんです。親から「受けに行け」と言われて受けただけなので。だから特に情報には翻弄されなかったのですが、僕のときは、聖光というのは校則がすごく厳しいという噂があったんですよ。

確かに校則が厳しいんです。帰りにどこかに寄るのも教師の許可を取らなければならないルール。校則にはそう書いてあるんです。でも、それ実際誰もやっていないんですよ。つまり、校則は厳しいんだけれども、ある程度の許容範囲まではその校則を守らなくてもいいという不文律が成立していた。入ってからそういうことを知るわけです。結局は厳しくなかったんですよね。つまり、情報と実際が別ということもあったりする。行ってみなければわからない。

だから、情報や噂ではわからないから、**基本としては子どもが行きたい学校を受けさせ**

るというのが大前提ですね。 そこに関しても責任は取らせないといけないのかなと。**僕は、偏差値がどんなに足りなくても、本人が受けたい学校は受けさせるべきだという考え方なんです。** これ、よくあるのが、「受けていれば受かった」とのちのち言い出す子がいるんです。受からないんですけどね。

――大人になっても言っている人いますからね。リスクを話すというより、納得しやすくするために本人が志望校を選択したほうがいいということですね。

いますね。なので、やっぱり受けたほうがいいです。**もう誰しもが合格は難しいと思っていたとしても、本人が不合格だったという結果を出さないと駄目なんですよね。**

例えば安全を期して、そこを受けずに他の学校を受けて合格してそこに行ったけれど不満だったというケースと、受けたい所は受けたうえで、結果駄目で別の学校に行って、その学校がなんか違うなとなったときとでは、やっぱり対処の仕方というのは違うと思うんですよね。

あと、行きたくない学校は受からないですね。不思議なものなのかそういうものなのかわからないんですけど。

――第一志望しか合格しない生徒って結構いますよね。志望校が決まらない受験生に対してはどのようにアドバイスしますか。

そうですね。**親御さんの希望は親の希望であると思うんですけど、やっぱり子どもの希

望を優先的に通さないと。本人が行きたいという学校であれば、どんな理由でも構わないと思うんですけどね。

志望校が決まらない子に関しては、まず「何がしたいか」ですね。

遊びたいとかだったら大学付属ですね。僕自身は家が大好きなタイプなので、当時住んでいたところに近かったサレジオに行きたかったんです。近くて比較的偏差値があったので、「もうそこでいいや」と思っていましたね。

理由は、なんでもいいと思うんですよね、子どもなりにあれば。例えば「文化祭が楽しかった」とかそういうのでもいいと思うんです。

——制服がかわいいからなんて理由は、女子には本当に多いですからね。では、判断するための情報を与えることが大事だということですね。

例えば「偏差値が高い」という理由でもいいと思うんですよ。**行きたい学校がないという子に関しては、親御さんが行かせてもいいと思っている学校を見せることですね。その際のポイントは、なるべく情報を絞るということです。要は、親御さんが行かせる気のない学校は最初から見せない。ある程度親の希望の範囲内のなかから選ばせるようにというのがいいのかなと思います。**

保護者の方に対して志望校選びのアドバイスするときは、「どんな友達を作りたいです

か」というようなことを聞きますね。

例えば学校とか文化祭とか、あるいは学校の最寄りの駅に行って、「その近辺を歩いている子たちが、自分の子どもの友達だったとしてどう思うかで判断してください」と。

結局自分の子どものカラーに合っているか合っていないかというのは、どうしてもあるんですよね。そして、そういうことに関しての親の判断は正しいんですよ。

いくら僕が「こっちの学校のほうがいい」「明らかにこっちの学校がいい」「学校としては上」と言っても、保護者の方がその学校はどうしてもなんか違う気がするというのは、たぶん判断として合っているんだと思うんです。それはもう理屈ではなくて。自分の子どもをそれこそずっと見てきてというのがあると思うので。

ですから、この学校に入ったら楽しそうだなって本人は思えて、親はその学校に通っている子どもが友達だったらいいなという所を選んでもらうのが一番いいですね。

結局、偏差値とか大学進学率というのはそれほど関係ないんですよね。

例えばどうしても東大に子どもを行かせたいというのであれば、東大の合格者がひとりでも出ている学校であれば僕は条件を満たしていると思うんですね。

早い話、ある一定のいい学校であっても、結局河合塾なり東進ハイスクールなりの大手予備校に通って受験しているので。学校の実力はどんなもんなんじゃいということを言うと、たぶん怒られると思うんですけど、100パーセント学校の能力ではないと思うんですよね、大学進学率って。

　ですので、そんなに気にしなくてもいいんじゃないかと。子どもが高校生になったときに、「僕はこういうふうになりたいからこの大学に行くんだ」と本気で思えれば、学校なんて関係ないと思うんですよね。だから**偏差値や進学率で選ぶよりは、やっぱりその子に合う学校のほうがいいかなと。**

受験における母親の役割、父親の役割

――今まで見てきたご家庭のなかには、本人が合うと思う学校と母親が合うと思う学校がずれているケースも少なくないのですが、そういう場合、どういうアドバイスされますか。

　僕は、**お母さんの判断が正しいと思っています**。結局小学生って、どうしても生きている範囲というか世界が狭いと思うんですよね。そのなかで、自分が合っているかどうかを判断するのは難しいと思います。

あと、変わると思うんですね。中高6年間をその集団で過ごせば、そういう性格とか人間性になっていくかなと。僕も、小学校のときなんかは比較的きっちり真面目にやっていくタイプだという自己評価だったんですけど、聖光で6年間過ごすうちに「なんとなくうまくいってりゃいいかな」という、良い言い方をすると要領が良くなった。悪い言い方をすると適当になった。

というのは、それは僕がたぶん聖光に行ったからそういうふうに変わった、もしくは自分のなかのそういう面が引き出されたと思うんですよね。たぶん母親は、そういうふうに僕は聖光みたいな所に行ったほうがいいという判断だったんだろうなと。

父親と母親の間でどういう話し合いがあったのかは、僕にはちょっとわからないですが、僕の父親は特にああしろこうしろと言うタイプの人ではなかったので、受験に関しても父親の意見はまったく入ってないと思います。なので、母親の判断を重視したほうがうまくいくだろうなと。

ただ、もう子どもがその学校に実際行ってみて、絶対そこは嫌なんだというふうになったら話は別だとは思うんですけど。実際行ってみたらそこもいいかなというふうになるなら、やっぱりお母さんの判断のほうが正しいんじゃないのかなと思いますね。

——お父さんとお母さんの意見が割れたときはどうしますか。

それは難しいですね。僕はそこに口を出すべきなのかどうかと思うんですよね。それでも聞かれる場合は、結局その時点で「なんのために受験しますか」と聞きますね。

例えば大学進学を重視するのか、いい友達や人間関係を作りたいのかとか。あとは、そもそも誰が受験したい・させたいのかということですね。

友達の影響とかで本人が言い出しているケースもありますし。お父さんの場合は、どこかで仕入れてきた情報を100パーセント鵜呑みにしている傾向はありますね。お父さんは情報交換の場がほとんどないのと、ちょっと見かけた本とかを読んで、なるほどねと思ってしまうタイプが多いと思います。なかなかに微妙ですよね。**だから僕は、お父さんは参加しないほうがいいとは思っているんですよね。ただひたすら教える機械みたいになるんならいいんですけど。でも、お父さんは突如登場するんですよ。**

今まではまったく関わってこなかったのに、なぜかわからないですけど、突如登場するんですよ。突如登場した人ってこれまでの経緯がわかっていないので、流れをぶった切って登場するので、ちょっととんちんかんなんです。そんなにうまくいかないんだよなとか、そこの議論はもう終わりました、みたいな部分をまたほじくり返されちゃったりもするんですよね。

だから基本的に僕はお母さんの案を採用して、お父さんの意見は併願で取り入れるとか。

――お父さんは6年生になってから突如登場することが多いですね。そういう場合、お父さんの説得などはされますか。

逆にお父さんを説得するほうが楽ですね。理屈なので。お母さんの場合はちょっといろいろ複雑な感情的なものもありますし、周りとの関係性もあるんでね。「あそこの家より上に行きたい」とか「あそこの家と同じ所には行かせたくない」とかいろいろあります。感情に対しては説得する方法はもはやないのでね。

でも、学校に関しては最終的には模試の結果というか偏差値というのが出てくるので、最初は揉めてても、だいたい数値的なもので諦めが入ったりもしてきます。収まるようには収まるという言い方は変なんですけど。親の間の考え方の違いというのは、時が解決してくれるかなと。

理想をいえば、ご両親が両方とも頑張らないでほしいですね。僕の家は完全に母親が「受験」担当で、父親は「息抜き」担当。僕も父親も巨人ファンなので、野球の話をしたり、キャッチボールをたまにしてもらったりというふうに。父親は受験のことに関して基本的に口を出すタイプではなかったですね。

そういうふうに、父親と話すときは受験のこととかは忘れられるという環境は良かったと思います。夫婦で話をするのはもちろん構わないんですけど、子どもに対してはどっちかにしてほしいですね。

たいがい突如出てくる父親のケースは、その輪を結局乱しちゃうんですよね。初めから関心がなかったのなら、ずっと関心のないままでいいのにと思います。不思議なもので、絶妙に悪い間で登場するんです（笑）。

子どもは絶対に傷つけないで認めてあげる

――中学受験において親が絶対にやってはいけないこと、子どもに絶対やらせてはいけないことはなんだと思われますか。

親御さんに対してということでいえば、子どもを傷つけることですね。子どもに関しては、わからないのに、わかったと言わないことです。

これは親御さんにも関係してくる話なんですけど、結局、わからなかったときに怒られると、わからないと言わなくなりますよね。だから、僕が直接教える場合、「わからないのは僕の責任だ」と言いますね。変な話、「わからせるためにやっているんだから、わからないことに関しては怒らないよ」と。ただ、「わからないのにわかったふりをしたら怒るよ」と。「教えている側は、わからないなんて、わかっているから」と。そう言うと、「やっぱりわからない」となりますね。

あとは、過去問やっているときに解答を見る子というのはやっぱりいるんですよ。だから、結局わからないことがいけないことだって思っちゃっているんですね。**だから子ども、親御さんも含めて、「わからないことは、わからないでいいんだよ」と思ってほしいですね。**

例えば、昨日やってわかったのにテストで解けなかった、なんてことはしょっちゅうあるんですよね。そういうときも、「昨日やったじゃない」とか言わないようにする。昨日やったときにはできたというのが、ある意味もう完全に否定されちゃうので。そういうちょっとした言葉とかで、子どもは傷ついていきますので。

――傷つけるつもりはないのかもしれないですが、結果で判断するとか、あまり褒めないとか、そういう教育方針だという厳しいご家庭もあると思いますが、そういうご家庭にはどのように対応しますか。

基本的に手を引きますね。ただ、僕自身が親に入れてもらったタイプの人間ですし、本やメルマガで、「親がやりましょうね」という持論を伝えているので、僕のところにはそういう保護者の方はいらっしゃらないですね。

絶対に子どもは傷つけないで認めてあげるという親のスタンスが条件です。それができそうかどうか、電話で直接話して判断しています。

――最終的に不合格になってしまった生徒・保護者に対してどのような対応をされますか。

全滅をしないように併願を組んでいくので、基本的には全部落ちるというケースはないですね。全滅の場合は、難しいですが、「それは失敗じゃないよ」としか言いようがないですよね。保護者の方が納得してくれない受験もありましたが、それはこのまま方法か価値観を変えなければ、そういう結果になってしまうと想定できていたのに、お母さんが最後まで変わってくれなくて、そのまま受験したケースですね。

滑り止めで合格した子なら、「その学校に行きたかった子もいるんだよ」と言いますね。「自分が第一志望の学校に行きたかったのと同じようにその学校にも行きたかったけれど不合格だった子がいる。だから、その子の分まで頑張って」と。

ちょっと道徳的な話もあるんですけど。子どもに対しては、「まあいいんじゃない、死ぬわけじゃないし」と思います。たぶん、ちょっとこれは想像でしかないからわからないんですけど、子どもに関しては失敗したと思ってる子がいるのかなと思うんですよね。

例えば**偏差値が高いとか低いとか関係なく、僕は何が成功かと言われたら、子どもが行きたかった学校に受かったことが成功だと思うんですよね。**

だから、例えば、**偏差値55の学校に本人は行きたかった。親は60の学校も受けさせたと。55の学校が駄目で60の学校が受かった場合、子ども自体は本当に行きたかった学校に受からなかったのは、それはそれで失敗なのかなと思うんですよね。**でも、たぶんその家的には成功なんですよね。だからそういうときは、受かったことに関しては本当におめでとう、頑張ったなと思うんですけど、駄目だったことは、縁がなかったよねと。

僕はよく保護者の方に、「全部受かるのはやめてください」と言ってるんですね。「必ず1個落ちる所を受けてほしい」と。例えばひとつふたつ受かったら、「せっかくだからここも受けませんか」と言うんです。僕の場合なら、記念に「せっかくだから、聖光受けませんか」と。でも受からない。結局、全部はうまくいってほしくないんですよね。それこそ中学受験自体がゴールでもなんでもないので。

——最後に、齋藤さんが、中学受験はいいものだからしましょうという、一番のポイントは何ですか。

いい友達ができることですね。結局僕は、今聖光の頃の友達で仲良く付き合ってるのが最終的に4人しかいないんです。4人しかいないのか、4人もいるのかはよくわからないんですけど。一緒にいると楽しいですし、損得なく付き合えます。

僕は聖光に行っていたから、いろいろなものの基準が高かったと思うんですよね。それは勉強するということに関してもそうですし、考え方もそう。

例えば、僕の友達で大卒じゃない人ってひとりもいないんですね、そもそも同級生で大卒じゃない人間ってたぶん、ひとりもいない。

そして、そこそこ生活レベルの高い親のもとで育ったりしていますし、いろいろな意味でいい暮らし、お金があるとかそういう意味ではなくて、いい環境で中学・高校を過ごせたと思うんですよね。

だから、実感としては、やっぱり友達なんじゃないのかなと思うんですね。人間なんて弱いですから。それこそ、僕は今までそんなに会ったことないですけど、いわゆる不良と呼ばれる人たちって、別にもともとそういう人というよりは環境に流されちゃうのかなと思うんですね。どういう人と付き合うかによって将来が大きく変わってくる。それが一番大きいのが中高の6年間だと思います。

――6年間の環境は、人生に大きな影響を与えてくれますね。経験も友達も、卒業後の人生をポジティブに作っていく糧にできるような中学受験になってほしいですよね。ありがとうございました。

［＊1］最上位クラスの名称。大規模校舎になると複数あることも。αに行くために家庭教師や個別指導を付ける家庭も多い。

［＊2］東京・神奈川の学校を志望する受験生が、他の地域で1月中に行われる入試を本番の練習として受験すること。大手塾は特定の学校を勧める傾向がある。

［＊3］日能研が独自に算出する合格可能性を示す数値。R4は80パーセント、R3は50パーセント、R2は20パーセントとされる。

塾や勉強法との相性とスポーツや習い事との両立

まずは保護者が子どもの個性を把握する

「あの子はわたしに似ているから○○なはず」「あの子は父親に似ているから○○なはず」そんな声をよく聞きます。経験上、性質や性格については当たっていることが多いですが、興味の対象や苦手意識に関してはかなり誤解があるように感じます。コンテンツ自体は好きなのに方法が苦手という場合も多いですが、それを見抜けていない保護者も意外に多いものです。

勉強法や塾との相性を判断するために最低限必要な情報は、競争やテストが好きかどうか、覚えることが好きかどうか、ひとりで宿題ができるかどうか、国算社理のなかに極端に嫌いな教科がないかどうか、極端に人見知りだったりコミュニケーションが苦手でないかどうか、そしてご家庭が子どもにどれだけ注力できるかです。そのうえで、大まかな目星を付けます。

塾によって授業の方法や、難易度はかなり違います。大手塾だけ見ても、予習禁止の塾、テキストではなくプリントベースの塾、宿題が大量に出る塾などさまざまです。中小塾を入れればさらにその幅は拡がります。模擬テストの難易度や偏差値の基準も一様ではありません。通っている生徒のレベルや塾が推奨する教材のレベルなど、難易度にも相性があり、ちょっと難しいくらいのほうがやる気になる受験生もいれば、ちょっと余裕があるくらいでないとダメな受験生もいます。

目星を付ける際に注意しなければいけないのは、相性の悪さは発信されている情報からだいたい見当が付くのですが、相性の良さは体験しなければ絶対に判断できないということです。それこそ無数にある塾すべてを、片っ端から体験している時間はありませんから、通塾圏内で印象のいいものから体験を申し込みます。申し込みが電話の場合、その対応でもある程度相性がわかることもありますので、注意してみてください。

必ず保護者も一緒に体験授業を受けること

日本の探究型教育の草分けのひとり、ラーンネット・グローバルスクールの炭谷俊樹さんは、「教室でのコミュニケーションの量がその場にいる子どもの好奇心の伸びと比例する」と言っていますが、それは中学受験でもまったく同じです。もちろん能力開発に直結するわけではありませんが、学びの場へのモチベーションがまったく変わるので、当然のことながら良い影響があります。そして、そのような関わりをするためには、どうしても「場」との相性が重要になってきます。

「場」は講師だけではなくどんな生徒がいるかによっても違いますし、当然部屋の造りや雰囲気も影響します。ですから、授業体験は必須です。保護者も教室の中に入って一緒に体験できれば理想的ですが、できない塾も多いので、その場合は窓から見るなり、授業前後の生徒たちの様子を見るなり、できる限り生の情報に触れてください。また、1分でもいいので担当講師と直接話をさせてもらってください。授業体験を断る塾の場合、その大きな理由は、①講師の実力やコミュニケーションに問題がある　②言動や態度に問題がある生徒がいる　③確立した授業のスタイルや決まり事が多くペースを崩したくない　のいずれかになります。①②の場合、担当講師と話したり、休み時間の様子を見ることである程度把握できます。一点注意したいのは、ベテラン講師や状態のいいクラスに優先的に見学や体験を入れる塾もありますので、入塾後に担当講師やクラスが変わる可能性についても確認しておくといいでしょう。

一番大事なのは担当講師との相性

僕は、いくつかの大手塾・中小塾で指導経験、教室運営経験がありますが、外から一番見えにくい部分は教室スタッフや講師といった人材による違いです。よく指摘される中小塾の欠点として、塾長のカラーが反映されすぎるというものがありますが、逆にカラーが出ているほど、合うか合わないかがはっきりわかるので、判断しやすいと思います。大手塾の場合顔が見えない分、保護者的には、合っているのかどうかよくわからないまま続けてしまいがちです。

塾や教室ごとのカラーはもちろんあるのですが、結局一番大事なのは担当講師との相性です。人間性や担当教科に精通しているかどうか、教え方や授業のスタイルはもちろんなのですが、声の好き嫌い、態度や目線、話し方や話すスピード、ルックスや雰囲気、清潔さなどは実際に長時間授業を受ける生徒にとっては重要なポイントになります。そして何よりも重要なのは、生徒本人が信頼できるか、面白いと思うかです。実際、先生と相性が良ければ嫌いだった教科が簡単に好きになったりしますし、逆もまた然りです。そして、保護者から見えにくいポイントとしては、講師側からも生徒に対して相性があるということです。合っていると思われている場合は目をかけてくれますのでいいですが、講師側が自分とは合わない生徒だと判断している場合、生徒にはそれが伝わりますが、保護者までは伝わらず、やる気がなくなってしまっても生徒のせいになってしまうことがあります。様子がおかしいな、と思ったらすぐに子どものせいにせずに、さまざまな相性を確認してみることをお勧めします。

また、個人面談などの担当者が、授業担当者かどうかも注意が必要です。塾によっては、一度も授業を担当していないスタッフが数少ない面談を担当するケースも少なくありません。その場合、データ化された数値のみを参考にして面談をすることになります。そのほうが客観的という見方もありますが、データ以上の話ができないのならばそもそも対面の面談である必然性すら危うくなってきます。受験生の状態は偏差値だけでは到底わかりません。経験に基づいた定性的なプロフェッショナルの意見がものを言います。そのためには、その生徒と時間を共有し、ある程度のコミュニケーションを取っていることが必須です。

受験科目・問題との相性

無条件に4科目受験を進める塾は多いですが、4科目の好き嫌いや得意不得意も考慮に入れて選びたいところです。もちろん、全教科を学ぶことに意味はあります。例えば表やグラフの読み取りなどは算数・理科・社会どの切り口からでも学ぶことができるので、好きな教科がきっかけで他の教科が相乗効果で伸びていくことも期待できます。しかし、あまりにも暗記が嫌いだとか、興味が持てない、時間が取れないという場合は国語・算数の2教科に絞っても十分に多様な受験ができます。逆に国語・算数のどちらかが極端に苦手ならば、理科・社会でカバーするという考え方もできます。実際理科・社会をやり込んで成績が上がれば、大抵の場合算数・国語も伸びてきます。大事なのは、苦手な教科をやらせるのではなくて、好きな教科を軸に伸ばしていくという発想です。嫌いな教科や苦手意識のある教科ばかりやらされたら、どんどんやる気がなくなってしまいます。うまく好きな教科を利用して、いつの間にか他の教科もわかるようになったり、あるいは、できるようになりたいと思うようになるのが理想です。

次に、問題との相性についてですが、これは中学受験において偏差値よりもよっぽど重要な指針になります。基礎力が必要なのはどの学校も変わりませんが、応用力の問い方となると話は別です。

文章の量、傍線を引いて問いに繋げるポイント、選択肢の作り方、記述のスタイル……と挙げ出したらきりがありません。極端な話、問題用紙・解答用紙の見た目や問題の並び方にまで相性があります。まさに十人十色、百校あれば百様の出題スタイルがあります。それをワンパターンの模擬テストで評価するのですから、偏差値には限界があります。ですから、模擬テストの結果はあくまで基礎力の確認と受験生全体のなかでの指標に過ぎず、本質は問題との相性にあります。

しかし大手塾の場合、最難関校以外は、出題傾向や問題との相性が蔑《ないがし》ろにされる傾向があります。特に集団塾の場合は、それだけ多様な学校に対応するのは物理的に難しく、どうしても近い偏差値の学校の過去問演習になりがちです。しかし対策講座に学校名が書いてあると、行かなければ取り残されるような気がしてしまいます。本当にその学校の受験生を対象にその学校の出題傾向に焦点を当てた対策なのかをよく調べる必要があります。

学校との相性

学校との相性も、塾との相性と同じように、パンフレットやホームページだけではわかりません。実際僕の母校の生徒会長が、「パンフレットの内容を見て驚きました、在校生が知らないことが書いてあるんです！」と報告してくれたこともあります。もちろん、表現の問題で根も葉もないわけではないでしょうが、受験生が集まる学校であっても表向きの見せ方はあります。ですから、校風を知るためには文化祭や体育祭などの行事や施設を見学するだけでなく、平日の下校時の様子を見に行ったり、在校生や卒業生の話を聞く機会も作りたいところです。また、学年によってもカラーが違うので少ない情報で先入観を持たないようにしたいところです。

実はあまり語られていない学校との相性を確認する方法のひとつに、入試問題との相性を見ることが挙げられます。問題の意味がわかる。出題者の意図がわかる。課題文や設問に共感できる。そういった学校は、先生達との視点や価値観も近い可能性があり、当然本番の入試でも有利になります。

保護者として注意してほしいポイントは、受験生本人の意見が突然変わる場合です。今まで行きたがっていたのに、突然「絶対嫌だ」と言い出したときは、嫌いな同級生が受験することがわかったり、一緒に受けようと言っていた同級生と喧嘩をしたりというケースがほとんどです。時間が解決する場合もありますが、一度「行きたくない」と言うと意地になってしまうケースもありますので、よくよく入学後のヴィジョンなどを話し合って冷静になる必要があります。

スポーツや習い事と両立はできるか

「中学受験を考えているけれど、踏み切れない」という理由で最も多いのが、スポーツや習い事との両立問題です。僕のところでも毎年同じ相談をいただきますが、悩んでいる保護者は大抵の場合

「中学受験は大手塾に通わなければ合格できない」と頭から信じてしまっていることが多いです。確かに、中学受験生全体で見れば、いわゆる大手塾からの合格は全体の9割を占めるとも言われています。しかし、約1割の生徒は中小塾や家庭教師で受験勉強をして合格を勝ち取っているということになります。10人に1人を多いと見るか少ないと見るか、価値観はそれぞれだと思いますが、決して例外や奇跡などといって看過されるような数字ではありません。さらに大手塾生は併願校や1月受験も多く、5~7校の受験を塾から勧められます。ですから合格数ではなく人数で考えれば、実際にはもっと多くの中学受験生が、大手塾ではない選択をして受験に臨んでいると考えられます。例えば僕の指導する知窓学舎では、全生徒が2~5校の受験で志望校に進学しています。

単刀直入に言えば、スポーツや習い事と中学受験勉強は多くの場合両立できます。僕が担当した生徒でも最後までスポーツに打ち込みながら受験を乗り切った生徒は少なくありません。そのなかには難関校に合格した生徒もいます。ではいったい何が「両立できない」と言われているのかというと、予備校や進学塾のカリキュラムと両立できないのです。中学受験対策を謳う大手塾は、平日に4教科の授業を行い、土日にテストや特別講座があります。そのため5、6年生は週5日~6日塾に通うことになります。そうなると物理的に他のことをやる時間が取りにくくなります。つまり、塾のスケジュールに合わせるという前提が両立を難しくしているといえます。

中小塾や個人塾は融通が利く場合が多いですが、内容や持っている情報の面で心配だという声も聞きます。この点に関しては、中学受験をちゃんと知っている講師が担当しているのであれば問題はありません。塾が持っている情報も、説明会やホームページなど学校からの情報と過去問題やネットから手に入る情報のほかに有用なものは多くはありません。それに、大手塾だからといって現場の講師やスタッフが情報を持っているとも限りません。特別な情報が手に入る立場だったとしても、積極的に情報収集をして進路指導に活かそうとしているかどうかはその人次第です。必要なのは、生徒一人ひとりの状態を把握して適切に指導することであって、そのために大事なのは、データ量よりも講師の情熱とスキル、そして相性です。

もっとも、両立するためには前提として基礎的な学力が必要なのですが、そこにも偏見がありま す。そもそも、基礎的な学力がなければ塾のカリキュラムに乗って物量をこなしたところで学習効果はあまり望めません。大手塾の場合、難関校受験生に合わせてカリキュラムやテストが作られていることが多く、基礎力がないまま塾に通っていても授業に付いていけずに自己肯定感を下げかねません。

受験勉強に必要な「基礎的な学力」

まず最も大事なのが「論理［*］的な国語力」。言い換えれば、正確に日本語を読み書き思考する能力です。これがすべての教科の基礎になります。教科書や問題文を正確に読めなければ、当然学力向上は難しくなります。多くの生徒がここで躓《つまず》いているにもかかわらず、教科を分断した集団授業ではその本質的な問題解決が行われにくく、置いていかれたままカリキュラムだけが進んでしまいます。

次に大事なのが、「計算力」と「図形力」。これらは個人差があるものの、正確さとスピードを身につけるにはある程度訓練が必要になります。計算が遅いという理由で、いつも問題を最後まで解くことができず、思考力を高めるところまでいかない生徒も少なくありません。集団授業では置いていかれることが多く、遅い分実際に解く問題量が少なくなるので、ますます差がついてしまいます。

これらの力をつけるのは学校でも家庭でも、その他の習い事でも可能です。むしろ幼少期から毎日読み聞かせをするとか、音読や輪読をして話し合う時間を作っているご家庭で養われた「国語力」に受験勉強だけで追いつくほうが大変です。しかし、遅すぎることはないので、少しでもそういう時間を作るとか、意味を理解し、意識して正確さを心がけるだけでも効果があります。そして、これらの基礎力があれば、集中して短期間で受験勉強をすることは十分に可能です。

鍵を握る「タイムマネジメント」

「集中して」「短期間で」と簡単に言いましたが、実はここが最も難しい部分です。多くの小学生は、時間管理が苦手で、目標から逆算して予定を立て、それを着実に実行することができません。そもそも現実的で明確なヴィジョンを持っている場合が少ないので、目の前の受験や勉強に結びつけてやるべきことを逆算することも難しく、しかも遊びたい盛りです。同級生やメディアからの誘惑も多く、中学受験が「塾に行かないと合格は無理」あるいは「親子チームで闘う」といった言われ方をするのはそのためです。

よく中学受験の現場では「成熟度」について取り沙汰されます。成熟度が高いほど、自分の将来へのヴィジョンや、何事もやらなければ進まないことを理解でき、自分の弱みを冷静に見つめて受け止めることもできるようになり、棚ぼたや一発逆転の夢に賭したりしなくなります。つまり、精神年齢が高いほど現実的な計画を立てることができ、時間管理の必要性がわかるので、合格しやすくなるというわけです。

自分が、あるいは保護者や講師などのマネージャーがモチベーションを保ちつつしっかりタイムマネジメントをすることで、塾に頼らずとも受験勉強を進めることは可能です。ただし、どれだけ成熟度が高くても、小学生が本人だけの力で闘うのは難しいと思います。中学受験の場合、試験範囲や出題傾向は教科書を超えて多岐にわたるので、やることを選別して優先順位を付けることが難しいため、中学受験を知っている大人が介在する必要があります。

タイムマネジメントに関しては受験生や学生に限らず、社会人になっても苦手な人が多いと言われます。そこで時間感覚を身につけるために日頃からご家庭で是非実践してほしいのは「あとで」と言わないことです。質問されたり、何か話しかけられたときに忙しいとつい「あとで」と言ってしまいがちですが、このような対応に慣れてしまうと言われた本人も具体的な時間を考えることなく「あとでやればいいや」という思考になってしまいます。「この仕事が終わったらね」「ちょっと5分待って」「それについては明日話そうか」など、どれくらい待てばいいのかを明示することで、言われた本人も時間について自然と意識するようになります。

［＊］多義的な言葉であるが、アメリカの教育学者ジョン・デューイは論理から方法が生じ、その探究の結果として知識があるという立場をとっている。

第3章

中学受験で後悔しないために必要なこと

安浪京子（算数教育家・中学受験専門カウンセラー）

中学受験をする以上は、時間もお金もかかりますから、腹をくってやっていただかないと。何事も真剣にやらないと、何も得られないと思うんですよね。

PRFILE●やすなみ・きょうこ
株式会社アートオブエデュケーション代表取締役、算数教育家、中学受験専門カウンセラー。神戸大学発達科学部にて教育について学ぶ。関西、関東の中学受験専門大手進学塾にて算数講師を担当、生徒アンケートでは100%の支持率を誇る。プロ家庭教師歴約20年。中学受験算数プロ家庭教師として、算数指導だけでなく、中学受験、算数、メンタルサポートなどに関するセミナーの定期開催、特に家庭で算数力をつける独自のメソッドは多数の親子から指示を得ている。中学受験や算数に関する著書、連載、コラムなど多数。「きょうこ先生」として、「朝日小学生新聞」、「AER Awith Kids」、「プレジデントファミリー」、「日経DUAL」などでさまざまな悩みに答えているほか、教育業界における女性起業家としてビジネス誌にも多数取り上げられている。

――インタビュアーとはお母さんたちの活動団体主催の中学受験イベントで一緒に登壇させていただいて以来になります。どうぞよろしくお願いします。

ご無沙汰しております。よろしくお願いします。

――安浪さんは、そもそもなぜ中学受験指導を始められたのですか。

バイトの延長ですね。わたし自身もこれが仕事になるなんて思ってもいなかったんです。身もふたもない話ですが、中学受験もしていません。地方の田舎育ちなのでずっと公立で、大学で神戸に行って、そこで浜学園を知ったんです。すごく時給が高いから（笑）。それで初めて中学受験を知ったという感じですね。

わたしが入ったときは、もうバブルは崩壊したあとだったんですけど、数年上の先輩は「夏休みだけで100万円を稼いだ」りしたと聞きました。浜学園は他の塾と違って、生徒のアンケートで時給が決まるんですよ。だからトップ講師だと時給1万円近い人もいたそうです。

わたしが入った時もアンケートはありましたが、さすがにそこまでの時給の方はいらっしゃいませんでした。

――タイミングとしては僕もそんなタイミングでしたね。先輩たちはものすごく貰っていて、「矢萩君も数年早く来ていればねー」なんてよく言われました。その数年前は中学生なんですけど（笑）。

そういえば同世代ですよね。矢萩さんはどうして中学受験をされたんですか。

――僕の場合は、地元の中学がかなり荒れていたので、あんまり行きたくないというのがありましたね。中学校が小学校のすぐ隣だったので、不良たちが暴れているのがよく見えたんですよ。小学校に乗り込んできたこともありました。あそこに行ったら、いじめるほうかいじめられるほうに回るしかないいんだろうな、と感じていて。僕は暴力が何より嫌いで、殴るのも殴られるのも好きじゃない。それなのに両親は厳しくて極端なタイプで、4年生になる直前に「中学受験するか、格闘技をやるかどっちか選べ」と迫られたんです。それで、殴るのも殴られるのも嫌だから中学受験の道へ、という感じでしたね（笑）。

それは面白いですね。受験の動機としては明快ですね。

中学受験は甘くはないので、二足のわらじは基本的に厳しい

――中学受験を目指すうえで、受験勉強を開始するのはいつからが理想だとお考えですか。

理想というか、**もうすでに4年生から入らないときつい状況を塾業界が作ってしまって**

いますよね。塾に通う場合は4年生ですけど、お金があれば**家庭教師をうまく使えば5年生からでも間に合います。**

あと、ものすごい優秀で、将棋で日本一になったり、塾に行っていないのに算数オリンピックに出場できるような子は、6年からでも間に合うケースはあります。ただ、そうしたケースはまったく参考になりません。一般的には新4年生、つまり3年生の2月からが理想ですね。

――では、基本的には大手塾のカリキュラムに乗っかるのが一番いいだろうということですね。

今はそれしかないですよね。それに一番お金がかからない方法だとも思います。

今は授業動画とかもいっぱい出てきていますし、実際、塾をやめて全部わたしの動画で勉強しましたという方もいらっしゃいますけど、それだと難関校は無理ですね。**難関校以上に行きたかったら、やっぱり塾メインで、プラス家庭教師というふうになると思います。**

――塾だとか家庭教師とかには付いてない状態で相談された場合はどうアドバイスされますか。

本気で中学受験をするのであれば塾に行く。塾が合わないのであれば家庭教師とか、**とにかく独学では無理だと言っていますね。**

――習い事やスポーツと中学受験の両立に関してはどのようにお考えですか。

両立できるに越したことはないですよね。わたしが今教えている子もサッカーを頑張っているので塾には行っていなくて、家庭教師だけで5年から勉強を始めたんですね。

しかも、6年の秋口まで大会があるからどうしても大手塾に通うのが難しいわけです。ただ、その子の場合はもともと優秀だということもあって、塾のカリキュラムに縛られずにその子の理解度に応じ、最初から志望校に必要なレベルまで教えられるので指導は楽ですね。もちろん、家庭教師だけでやるとなるとお金がかかりますけれど。

スポーツやお稽古事との両立は子どもによります。志望校と子どもの素養次第ですね。それから、どこまでお稽古事に真剣なのかも重要なポイントです。たくさん掛け持ちをしていて、芸能人並みのスケジュールという子もいます。

なかには、厳しいお稽古もやり切って、最難関校に合格したなどという話もありますが、**そんな話は超絶例外なわけで、普通は無理なので参考にしてほしくないですね。中学受験は甘くはないので、二足のわらじは基本的に厳しいです。**一足のわらじでも苦労する子が多いのですから、それだけ中学受験は負荷があるということですよね。

――二足のわらじの受験生でも受験しやすい学校もありますよね。

それはいくらでもありますよ。それは単純に偏差値が低い学校ですよね。

ただ、お稽古事を真剣に極めようとやっている子は難関校以上でも受かることはあります。なんとなくやっている子がお稽古事と両立の道を選ぶなら、やっぱり偏差値でいえば、中堅以下でないと難しいですよね。

また両立できるかできないか以前に、中学受験においては成熟度が重要です。まだ成熟度が成長カーブを描いていない子は、どれほど学力が高くても思うような成績が取れません。だから高校受験があるわけです。高校受験のころになれば、だいたい成熟度は一律に揃ってきますからね。

——そういう受験生や保護者の方にはどのようなアドバイスをされますか。

そもそも**わたしは中学受験を基本的にお勧めしていないんです。むしろ、あまりに不幸になるご家庭が多いので、それを減らすためにこの仕事をしている面もあるといいますか。**だから、「中学受験はやめたほうがいい」と言うこともあります。

わたしの知り合いのお子さんがけん玉を本気でやっているんですが、お母様から「友達がみんな中学受験するから悩んでんだよねー」と相談されたので、「いや、もう絶対けん玉を極めたほうがいいよ」と言いました。その子は、けん玉で国際大会を勝ち進み、6年の夏に海外にまで行ったのかな。勉強以外のことを極めている子というのは、勉強もできるんです。結局、その子は、帰国枠でしたけど、広尾に受かりました。

だから、「お稽古事も頑張っていて、でもなんとなく中学受験をしたいみたいなことを本人が言っている」という相談を受けたときには、どこまで本人が本気でやっているかを聞きます。お稽古事への本気度が高ければ、高校受験を勧めます。**何かを極めた子は、中学や高校で本格的に勉強を始めても、他の子を抜いていきます。**

お薦めできる塾はひとつもない

――これから塾を決めようという受験生や保護者にどんなアドバイスをされますか。

私は関西では浜学園、関東では早稲田アカデミーとＳＡＰＩＸで教えており、今は家庭教師であらゆる塾の生徒を教えています。その経験のうえではっきり言うと、**今お薦めできる塾はひとつもないんですよ。**関東の大手塾は子どもを見ているのではなく、株主を見て経営していますので。わかりやすい授業をし、生徒やご家庭からの信頼の厚い先生からリストラしていきます。講師レベルを均一化したいからです。

ＳＡＰＩＸは、代ゼミに買収されて企業体質が変わり、それに嫌気が差した先生たちが飛び出して別の塾を作りました。それがグノーブルです。教育って指導者ありきのはずなのですが、最近のSAPIXは教材先行になっている傾向があります。**それでも、やっぱり難関校以上を狙うのであればSAPIXという選択肢にはなります。あのレベルについていける子でないと、難関校以上に合格できないとも言えます。「難関校に憧れているから目指したいけれど、現実的には中堅校」という子には、わたしは日能研を薦めています。**関東の塾のなかで、日能研のテキストは唯一勉強しやすいからです。カリキュラムが四谷大塚やSAPIXとは異なり、分野毎にまとまっているので丁寧に基礎を育みやすいです。

四谷大塚が出版している「予習シリーズ」はテキスト改訂してから非常に内容が高度になり、指導していても使いにくさを感じます。早稲田アカデミーも予習シリーズ使っているのですが、プラスアルファでオリジナルテキストもやらせるから、よほど器用な子でない限り消化不良で何も身につかない――となりやすいです。体育会系の塾ですから、「気合と根性でなんとかなる」という発想なんですよね。ベテラン男子講師の罵声に、繊細な女の子はびっくりして塾が怖くなってしまった……という相談も受けます。

――内部に入って関わってみると、どこの塾もそれなりに問題がありますからね。結局、現場の講師次第という部分もありますよね。それも踏まえたうえで、大手塾のメリット・デメリットについては、どう思われますか。

メリットはやっぱり情報量と一体感、理解の有無は別として全分野をひととおり網羅

できることでしょうか。「自分もこの塾の一員」と思えることは大きいと思います。特に入試当日は、日能研の〝Nバッグ〟を持っている子は同じカバンの子を見てすごく励まされるみたいですし、SAPIXの子は〝Vバッジ〟を付けて、「俺、SAPIXだぜ！」みたいな感じになるようですし。

中小の塾だと、受験会場の花道も先生が離れてポツンとひとりで立っていたりして、すごくへこむらしいんですよね、子どもとしては。

また、2つ、3つの校舎展開をしている塾は、カリスマ的な塾長の個性がかなり色濃く出るため、良い面でも悪い面でもバランスを欠く傾向にあるとは思います。「先生の考え方が絶対」という雰囲気があり、宗教っぽくなってしまうというか。

逆に大手塾は、バランスは働きますが、やはりドライであまり情もないといいますか。だから最善の選択肢というのがないんですよ。

悩んでいるなら無難という意味で、大手塾になってしまいますし、さらに最難関・難関ならばやはりSAPIXでついていけないと合格は難しいですね。ただ、塾が微妙だからといって、家庭教師を雇わないに越したことはないじゃないですか。お金がかかりますし、塾で完結できるならそれが理想です。

でも今は塾がどこも完全に企業と化しているので、皆さんすごく悩まれていますよね。情報もなくてフォローもないので、不安だという問い合わせはすごく多いですね。

――安浪さんはいくつかの大手塾で指導された経験から、中学受験における塾のクラスの適正人数はどれぐらいだと思われますか。

本来中学受験の塾というのは、**大学受験の東進ハイスクールとか四谷学院みたいに科目によってクラスを変えるべきだと思うんです。**でも、なぜやらないのかといえば、手間がかかるからなんでしょうけど、本当におかしいと思いますね。

わたしも塾で長年指導してきましたが、集団で全員に理解させるというのは難しいですね。うまい先生の授業を子どもが見て、その後チューターが個別に付いて教えるという、東進のやり方がいいんだろうなとは思います。

先生の指導力にもよりますけれど、人数が多ければ多いほど一人ひとりに理解させることは厳しくなります。時間もノルマも決まっていて、それを消化しないといけないわけですから。集団授業で全員が理解できるようにやっていたら、時間が足りないですから、なかなか演習に入れません。そうすると、親からクレームが入ります。ですから、中学受験は、本当は塾というシステム自体に向いてないんだと思います。一部の最難関校を受ける子を除いては。

だから、適正人数というのもないんだろうなと思いますね。ただ集団の場合でも、よくできる子であったり、受験まで期間のある4年生なら、人数がいることによっていろいろ解法が出てくるような活発な授業をすることもできるので意味があるかなとは思います。

——では、中小塾のメリット・デメリットについてはどう思われますか。

いい塾であれば問題ないのですが、**中小塾というのは、100パーセント良いか・100パーセント悪いかしかないような印象があります。アットホームで先生が生徒全員に目をかけてくれる、本当にいい塾も中小にはあると思います。**

ただ、ひとりの先生が全科目を教えていたりしているような塾は、先生も指導でいっぱいいっぱいですから、先生自身が新しいものを吸収する時間が取れないんですよね。その結果、教え方が古かったり最新の知識がなく、ちょっと取り残された、ひと昔・ふた昔前のスタイルの塾が多い印象です。

——先生が忙しいという意味では確かにそうですね。大手塾だと暇そうにしている人もいっぱいいますしね。

大手塾は教務と事務は分かれていて別に雇っていますからね。中小塾だとひとりの先生が全部やるから大変だと思います。矢萩さんは日能研にいらっしゃったときは、どの教科を教えられていたんですか。

——僕はどこの塾でも結局越境というか、複数教科を担当することになるんです。日能研の場合は社会科でしたけれど、校舎によっては全教科の質問対応や、クラスや生徒の状況をみて教室長と相談のうえ、他教科をやったこともあります。また、公立中高一貫校対策講座が立ち上がったときには全教科総合で担当しました。

公立中高一貫の入試問題というのは、問題自体が破綻していることもあるんですよ。「どんな先生が問題を作っているんだろう」と思ってしまうこともあります。問題文自体に条件が一個足りなかったり。どうやって対策すればいいんですか。

――確かに問題自体が論理的とはいえない場合はあるので、極端に算数系の受験生にとっては入り口は難しいかもしれません。一問に対して一答があるというような視点だと、問題として成立していないものも多いので。一例を挙げれば、問題をメタに見るというか、若干離れて薄目で見て、目立った情報だけ使って、自分の知識と合わせて、論理を繋げて最適解をアウトプットする。そういう練習はできますね。あとは、学校によって、どのように論理的でないのかという傾向はありますね。

それ、わかります。わたしのところには公立中高一貫校志望の生徒はあまり来ないですね。多いのは、ひと昔前の考え方の人。「絶対駒東に行って、医学部」というような。その理由を聞いても、それしか知らないというご家庭も多いですね。

――中小塾や家庭教師のみの生徒さんの場合、模擬テストについてはどうアドバイスをしますか。また、偏差値の信憑性についてはどうお考えですか。

完全にレベルで切ります。あと、仕上がり具合にもよりますね。

未習単元が多かったりできない子は首都模試、ちょっと力がついてきたら日能研の公開模試を受けさせます。志望校が中堅から難関なら四谷の合判、難関・最難関ならサピックスオープンですね。

テストが返ってきたら、答案の字の丁寧さや、時間内でどの問題まで目を通せているかをチェックすることをお勧めします。

論理的に解けているか、ケアレスミスはないか、時間配分はできているかなどを知ることができます。復習テストで点数が取れるのに、公開テストで点数が取れない場合は、解法を理解せずに暗記しているケースが多いです。

ただ、模試の平均点や偏差値はあまりアテにしてません。平均点操作をかなりやっているだろうなと思う時もあります。ただ、どこの模試も多かれ少なかれやっているみたいですけどね。あとは、塾によって学校の偏差値もバラバラなので、そこまで厳密なものではないですね。

「先取り学習」と「塾の掛け持ち」は絶対にダメ

――中学受験のときに保護者は、どういう心構えをしておいたほうがいいでしょうか。

やっぱり、**やる以上は腹をくくっていただいたほうがいいですよね。**だいたい皆さん学童代わりに入れて、「ちょっとでも学習の習慣ついたらいいのよー」と4年のうちまでは言っているんです。でも学年が上がるごとに、無理になりますからね。

――**5年になって入れてくれる大手塾がなくなっちゃってというケースが結構多いですよね。**

だから、みんな入塾テストに落ちるなんていう概念がなくて。結構余裕な感じで構えてて、「現実の厳しさを知らないなぁ」という印象があります。

あと、なんとなくみんなが行くからという理由で始める子がすごく多いのが首都圏の特徴ですね。でもなんとなく始めて、ご家庭でも「もう別にこのぐらいでいいのよ」と言ってても、実際に模試を受けるとシビアに偏差値が出てきて、「うちの子、こんなにできなかったの？」みたいに驚かれるケースがありますね。これぐらいのレベルでいいと思ってたのに、そのレベルまでも到達していないということを知って、初めて焦るのが6年の時期なんですよ。

でもやる以上は、時間もお金もかかりますから、腹をくってやっていただかないと。何事も真剣にやらないと、何も得られないと思うんですよね。もちろん、中学受験1本にする必要はないですけれど。

――その腹をくったあとに保護者が絶対子どもに対してとか、本人がやらないほうがいいこと・やってはいけないことってなんですか。

過干渉です。親が一喜一憂しすぎるとか。

あと、**なんのために中学受験をするのかというところを見誤らないことです。皆さん合格することがすべてになってしまいますけど、極端な話、「合格さえすればその子がリストカットしてもいいの？」という思いはあります。**

実際にリストカットする子とかもいるんですよ、中学受験が辛くて。それでもいいのかということは、問いたいですよね。「一番大切なのは家族であり、子どもでしょう」と。子どもと中学受験を天秤にかけたとき、子どもがすごく軽くなったりするようなことは、絶対にやってはいけないことだと思います。

――中学受験のお話をいろいろな方に聞いていると、もう「親の覚悟」だとか「保護者がやるものだ」と言っている方はかなり多いですが、一方で「主体性が大事だ」という昨今の流れもあります。その点について、どう思われますか。

西村則康さんは「中学受験は親が9割」という本を出されていますね。また、男の先生に多いのが「子どもはやらないから、親がやらせるしかない」という観点です。でも、何でも親がお膳立てすると、社会に出ても自立できない、使えない人間になるんじゃないかという危惧があります。ですから、別に最難関とか難関に受からなくても、ちゃんと自分で立った子が最後、つまり社会に出たときに勝つとわたしは思うんですよね。

中学受験も主体性は大事だと思います。ただ、内容がハードなので主体性を持たせにくいコンテンツですね。バランスを取るのは非常に難しいですし、やり方もケースバイケースです。

わたしは、全部親が決めて全部管理して、子どもをはめ込むのではなくて、1週間の過ごし方のスケジュールを作らせるとか、優先順位だけつけて子どもに選ばせるとか、**少しでも子どもが自分で選択する余地を増やすことでしか主体性を育むことはできないかな、と思っています。**子どもが100パーセント主体的に中学受験に取り組む、というのは非常に難しいです。

——いざ、中学受験をしようと決めたときに、ご家庭で準備しておいたほうがいいことは何があると思いますか。

準備に関してはすごく意見が分かれます。**幼児教育からバリバリやっている子が向いているかというと、逆にもう去勢されてしまっているような子もいますし。**

全然勉強はさせてないけれど、漢字の書き順はきちっと見ているとか、親子で読書を楽しむとか、自然とたくさん遊んでいるとか、そういう環境にいた子は、まったく勉強のベースがなくても大丈夫だったりします。勉強もせずにそうした環境もなく、テレビとゲームばっかりの環境ですと厳しいですね。中学受験ははっきり言って無理です。素養は家庭で育むものなので、テレビとゲーム漬けにはしないでほしいですね。

――テレビ・ゲーム漬け以外に、受験生に絶対やらせてはいけないと思うことはありますか。

子どものことを普通だと認識しているがゆえに、親御さんが最難関校に行かせたいからといって、**めちゃくちゃな先取り学習をさせるケースがあります。ですが、それは絶対駄目ですよ、先取りとか塾の掛け持ちは。**

「今SAPIXと浜学園に通っています」というご家庭もあったりしますが、そんなことをしても成績は下がるいっぽうです。全部スケジュールが埋まってしまいますから、どんどん取り戻せなくなります。しかも、そういう子に限ってスイミングやらバレエやら、あれこれ習い事をやっていたりするわけです。それで成績が下がると、「なんでですかね?」と言うわけです。

「いや家で宿題やっていますか?」と聞くと、「忙しくて、できません」と(笑)。

そういう状況だったら、成績が下がるのは明らかですよね。バッファがなさすぎるんですよ。

そういうご家庭の場合は、まず塾をひとつにしてもらいます。あと、例えばSAPIXの場合、6年になったら火・木・土、後期になると火・木・土・日になるのですけど、この土曜日の土特とか、日能研の場合ならば前期日特とか平常授業以外は不要なことが多いです。

――日能研の日特は、完全に担当講師次第ですね。ちゃんと授業を盛り込んだり、一生懸命添削するような講師ならまだ良いですが、もともとコマが長時間なうえに問題をやらせる時間を長くできるので、楽をしようと思えばいくらでも楽ができます。

やっぱり、そうなんですね。その場で過去問を解かせて解説しておしまいなら、家でやったほうがいいです。

大手塾ほどビジネスライクな傾向が強い

――いろいろな塾で教壇に立ってこられて、女性講師と男性講師との違いというのは感じますか?

ものすごく感じますよ。男の先生は結果至上主義の方が多いですよね。基本的にやっぱり母親というか女性を軽んじているように思います。だからお母さんたちに対して、「こんだけやらなきゃ駄目だ」って焚き付けることがある。賢いお母さんは言われなくても、自分でちゃんと考えてすごくまっとうな中学受験をさせていくのに、「こうあるべき」みたいなことを言うのは男の先生に多いかなという印象です。

あと、最難関至上主義といいますか。それは塾にもご家庭にもいえますけど、特に男の先生は、最難関にしか目が行っていないように思います。ピラミッドの頂点ばかりに目が行っているというか。多くの受験生は、頂点より下の志望校で困っているという現状があるにもかかわらずです。

――大手塾の場合は、ビジネス的というか構造的にそうならざるを得ないような状況もありますね。実績を出したい塾は、実績が出せる子を教えたいですから。多くのご家庭がそのような選択をする限り、根本的には変わらない気もします。

そうですね。学習習慣がなくて、偏差値30みたいな子を本気で伸ばす気はなく、もう完全にビジネスライクですね。男の先生は特にその傾向が強い。教育ではなくてビジネスコンテンツとしか見てない人が多いと思います。もっとも中学受験は、競争のコンテンツという側面が強いからともいえますが。

――もっと女性の講師が、活躍されてもいいかなと思いますが、なかなかいらっしゃらないですね。

みんなやらないです。ハードな仕事ですからね。まず女性は感情移入しすぎるので、相当メンタルが強くないとできないと思うんですよ。

わたしもやっぱり直前期と本番が始まってからの1週間で10歳ぐらい老け込むなぁと感じます（笑）。耐えられない人は多いと思います。男の先生はなんでできるかというと、完全にクールですから。女の先生は感情移入するから重くなるんですよ、一個一個が。タフじゃないとできないですね。

――お父さんとお母さんとの間にも、考え方や方法の違いを感じられますか。

昔はお母さんが専業主婦のご家庭が中学受験だったじゃないですか。今は共働きが多いし、ひとりっ子も増えてきたので、お父さんが熱心なご家庭が増えていていると思います。だから、お父さんだからこう、お母さんだからこうというのは、一概には言えなくなっています。

――確かに、保護者会を見てもお父さんの参加率が最近グッと増えていますよね。

増えていますね。勉強もお父さんは今まで忙しくて見なかったけども、いよいよ6年になったときに、「ちょっと見てあげて」とお母さんがSOSを出して、やり始めると、お父さん自身が楽しくなってきちゃうんですよね。自分が算数と理科バリバリ解き始めて、「俺すげー」みたいな感じで数学の解法で教えるみたいな（笑）。自分が解けることと教えることは違うということがわかっていないので、気をつけてほしいですね。

塾の講師との相性や良し悪しはどう判断すべきか

――先取り学習は良くないという話でしたけれども、予習・復習に関してはどういうふうにお考えですか。

わたしは中学受験に関しては復習主義です。だって時間がないですから。ニュートン算を一生懸命頑張って、ずっと法則を頑張って考える子もいます。すごくその気持ちはわかるし、すごく育ててあげたいですけど、「時間がない」という現実があります。

6年の夏休みに入るまでは、たとえ単元が終わらなくても、自分の考え方で解きたいという気持ちを尊重はします。ただ、やっぱり入れとかなければ戦えない知識って、いっぱいあるんですよね。解き方を全部自分の力で発見できたら、きっとその子は数学者になれます（笑）。予習も別にいいと思うんですけど、先取りしすぎ……なんかその**先取りというのも、5年の子が6年のテキストをやるみたいな、そういう先取りです。それはもう絶対に意味がない。とにかく目の前の基礎を確実に。**飛び級レベルの子は別ですけど。

――予習については、どの程度がいいと思われますか。

四谷大塚や早稲田アカデミーの予習シリーズは、予習することが目的ですけれど、SAPIXは完全復習主義でプリントは当日に渡しているので、基本的に予習はできないですね。科目特性はあると思いますが、こと中学受験の算数に関しては、予習は無理だと思います。理科や社会は、何を扱うか目を通して臨むだけで意味があるかなとは思いますが、算数でいきなり「比を解け」と言われたところでさっぱり意味がわからないと思います。

――受験生と講師との相性や、良し悪しについて、また、合っていないことに気づけていない保護者の方に対してどのようなアドバイスをしますか。

〝先生のアタリ・ハズレ〟はめちゃくちゃありますよね。でも、本人が気に入っていればいいと思います。余計なことはわたしは言わない。「絶対この先生駄目でしょ」という教え方をしていても、子どもがその先生を好きだったらすごく褒めます。

つまり**一番大事な基準はその先生を子どもが好きかどうか。子どもが信頼しているのに、その信頼を外部が断ち切っては駄目です。**

ただ、明らかに不条理なことを先生がしているのに、子どもも親も、「でも先生が仰るから……」と言っているようなら、「それは間違っています。完全にハズレの先生です」と言いますね。でもやっぱり塾の先生には気に入られるに越したことないですから、まずかわいがってもらえる方法は教えます。

塾に電話をかけるとか、質問教室を利用するとか、能動的になるに越したことはないんです。でも、ちゃんと対応してくれない場合も多くて、行っても結局、「お前こんなのもわかんないってバカじゃないか？　ちゃんと授業聞いとけ」みたいなことを言う先生も残念ながらいるんですよ。そうなると、もう期待をするのはやめようとか、目を付けられないようにだけはしようかとなっちゃいますよね。ちゃんと対応してくれない先生は基本ハズレです。

だから、「じゃあ〝○○先生に教えてほしい〟と言っておいで」と指示を出したり。あとは、わたしが教えていた子のケースでいうと、中堅塾の先生なのですが、なんでもかんでも面積図で教えるんですね。でも面積図で表現できない問題もあって、これはどう考えてもこっちのやり方が楽で速いよという方法を教えたんです。

そして、その子が塾の授業中にわたしが教えた方法で問題を解くと、「お前、なんでそんな解き方してるんだ！」と全否定するんです。それで、子どもはだんだん塾に行くのが嫌になってしまって、点数もどんどん下がってしまいました。そういう完全にアカハラな先生もハズレですね。

――算数の場合って、その先生によって解き方の違いというのが確実に存在するじゃないですか。線分図派もいるし面積図派もいるし。その辺が数学と大きく違うところですよね。

そうですね、**わたしは解き方の違い自体はなんでもいいと思っています。**早稲アカで教えていたときに、わたしは食塩水を天秤で教えているのに、ひたすら面積図で解いている子がいて。そうすると、「この子は家庭教師を付けているな」とすぐにわかります。

もちろん、**ちゃんと理解して解けたのなら、まったく問題はありません。**でもその子は面積図自体がそもそも正しく書けていなくて、「この子の家庭教師の先生は、この子のことを見ずに教えて単にやらせているだけだな。それで間違えているんだな」と見えれば教え直します。**理解してできているのなら、解き方はなんでもいいんですよ。**ハズレの先生は塾だけの問題ではなくて、家庭教師も同じですね。

――対応に関しては、大手塾の場合、教室長やスタッフのカラーもありますよね。日能研のある教室に勤務していたときに、休み時間に生徒たちが質問やら雑談やらをしに集まってくるんですけれど、全員に答えられなくなって、質問をノートに書いておいてくれれば見ておくよ、ということをしていたら、「どうして矢萩先生はそういうことばかりするんですか！」と怒鳴られたことがありました（笑）。同じ日能研でも、他の教室では普通にやっていたことだったのでびっくりしましたね。生徒もびっくりしていました。

そういうことを嫌う塾は多いでしょうね。みんな余計な仕事を増やしてくれるなと思っているんですよ。ひとりの先生がそれをやっちゃうと、「他の先生はやってくれない」となってしまいますから。すごい天井の低いところで、「そこだけやっておけばいい」という話です。それが企業としての大手塾のやり方ですし、それが嫌な人がみんな辞めていくんですよね。
まあ、塾の先生も忙しいので、わたしも「塾を活用しろ！」とは言っていますけれど、「塾の先生たち、仕事増やしてしまって、すいません」とも思っています（笑）。

――僕が問題だなと思ったのは、そういう経営方針とかが仮にあったとしても、そのときに、知りたいことや聞きたいことがあって、せっかく来てくれた子どもにまで罪悪感を植えつけるようなことをする必要はないということです。あとで、「ちょっとあんまりやりすぎないでくださいよ」みたいなことを言えばいいじゃないですか。愛もないですけど合理性もないんですよ。もちろん、ちゃんと対応している講師やスタッフもいますから、安浪さんが推奨されている、電話で自分たちが信頼できる人を指名するというような方法は大事ですね。

確かに、それは本当に大事だと思いますよ。すごく大事です。
例えば、入試前日の激励電話。結構嫌いな子が多いんですよ。電話がかかってくる時間に幅があるので、計画を乱されるし、待っている時間、ご飯も食べられないお風呂も入れないみたいな感じになるんです。でも、やっぱり子どもも好きな先生の順位があるから、「どの先生からかかってきたら嬉しい？」と聞いたら、答えるわけですよ。予定では違う先生からかかってくることになっていたんですけど、お母さんに電話してもらって、結果希望の先生から電話をいただいたんです。そうしたら、子どもも喜んでいました。

国語力がなければ算数の成績は上がらない

――特に国語力と算数の関係についてどう思われますか。

とっても関係があると思います。問題になるのは、①〝国語力がないし算数もできない子〟②〝国語力がなくて算数はできる子〟③〝国語力があって算数ができない子〟の3パターンですね。②は男の子に多いですかね。でもだいたい、偏差値が上がらない子は①のパターンなわけです。**国語力がないと算数を上げるのはかなりキツいです。**

算数の問題というのは、無駄な文章がひとつもないんですよ。だから、助詞ひとつで大きく意味が変わってしまいます。「何々〝を〟」と「何々〝で〟」と「何々〝に〟」で全部意味が違うのに、**国語力がない子は、本当にAI的に**〔＊〕**算数を解くんですよ。**

数字を適当にくっつけて、何を言っているのかわからない条件は完全に無視みたいな。「各頂点を除いて」と書いてあるのに、読んでいない。重要だとも思っていない。そういう子は時間をかけてコツコツ言っていくしかないですよね。伸びは子どもによって違いますから。

――具体的には、算数の問題演習のなかで、コツコツと助詞についての突っ込みを入れ続け

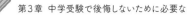

るような方法ですか。

そうです。いつもわたしは簡単な例で言うんですよ。数の性質の場合。「何々〝を〟」と「何々〝で〟」で約数・倍数が分かれるんですけど。

最初子どもがそれを読んでも、式が立てられないんですよね。でも、そこを簡単に、「リンゴ10個〝を〟2人〝で〟」「リンゴ10個〝ずつを〟2人〝に〟」とか言うとわかる。数字だけになるとわからなくなってしまうわけですよね。だから、**具体的なイメージと紐づけてやっていくしかないですね。**

そのあとは徹底的にパターンの叩き込みになります。そういう子に思考力を求めても入試には間に合わないので、割り切りが必要ですね。中学受験は浪人できないですから。

――**小学校の成績もあまり良くないけれど、中学受験したいというケースにはどのようにアドバイスしますか。**

わたしは「絶対にやめたほうがいい」と言いますよ。

でも、そう言うとかえって火を付けちゃうケースがあるんですよ。「そこまで言われる筋合いない！」と。中途半端なというか、どっちつかずで決断ができないご家庭の場合は、やっぱり厳しいですよね。さっきも言いましたが、**やはり中学受験というのは、腹をくっていただく覚悟が必要ですから。中途半端は駄目です。**

「やめたほうがいい」とわたしが言っても、それでもやると言われた場合は、「ものすごいお金と時間がかかりますよ、わかっていますか?」と強く言いますね。でも、時間もお金もかかるという説得が届くのは、お父さんのほうです。お母さんは感情的な人が多いので、「なんとかなる。うちの子だってやればできる」みたいな気持ちがありますからね。でも、それは全員思っていることだったりしますから。

――小学校の宿題が多すぎて他の勉強に手が回らないという悩みを持っている受験生にどのようなアドバイスをされますか。

学校によりますよね。先生によって量が違うし。ただ、やっぱり公立で中学受験率が低い地域だと、アンチ中学受験の公立の先生というのがまだまだたくさんいるんですね。それで、わざわざ面倒な宿題を出したりして、意地悪するんですよね。

でもやっぱり、**小学校の宿題ありきだと思うんですよ。それができて、さらにプラスアルファができる子が中学受験をするわけであって。だから、中学受験の宿題を優先して学校の宿題はおろそかにという方針については、その子にどういう小学校生活を送らせたいかによりますよね。**

最近は、学校の宿題を親がやる事が問題になっているじゃないですか。ところがそれの上をいく話があって。〝高速基礎マスター〟という四谷大塚が作った家庭学習システムがあるのですが、生徒は必ずやらないと駄目なんですよ。それで、やったかやっていないか全部データが塾に集まるわけです。それでやっていないと合判のあとに呼び出されて、「お前ら高速基礎マスターどうなっているんだ!」と怒られた子がいて。教室のノルマなんですね。

だから、やらないと怒られるので、親がやっているという。高速基礎マスターを。ついに塾の宿題まで親がやり始める時代が来たという(笑)。

夏休みまでは自分でやったほうがいいですが、冬休みの宿題に関しては、もう受験直前じゃないですか。なので、手伝ってあげてもいいと思います。塾の宿題だけでも消化できないのに。子どもが潰れてしまいます。何か間引いてあげないと。

――ある程度裁量がある宿題なら、受験勉強に引き寄せてしまえばいいですよね。僕の場合は、自由研究で、中学受験に出そうな歴史年表を作ろう、とか読書感想文なら重松清を読むとか、組み合わせて意味を持たせたりしていますね。

すごくいいと思います。無駄がない内容にしてあげたいですよね。

もう中学受験の勉強でバリバリ難しい四則演算やっている子にとっては、「3分の1足す8分の5」だとかの問題を解くのは、単純作業でしかないですから。だから「気分転換に使ったら?」と言っていますね。「無になれるよ」と(笑)。

志望校選びのポイント――どういう6年間を過ごしたいか

――志望校が決まっていないけれど中学受験をしたいんですという方のほうが多いですか。

関東は多いですね。でも、志望校があったとしても、例えば、まず親御さんが学園祭に連れて行くわけですよ。それで子どもに志望校を聞いたら、「武蔵」と答える。理由を聞くと「武蔵は学園祭が楽しかった」とか言うんです。それで、他はどこに見に行ったのかを聞くと、「武蔵しか行ってない」とかというケースがあって。志望校選びといっても、そういうレベルなんですよね。

漠然と志望校もないのに中学受験を始めたいという子の場合は、ほぼ100パーセント「友達がするから」という理由ですね。

――志望校に関しては、早めに決まっていたほうがいいと思いますか。いつまでに決めたら一番いいと思いますか。

秋になっても決まっていないご家庭って結構あるんですよね。**志望校はあったほうが頑張れるけど、縛られすぎるのも良くないなと思います。もし駄目だったときに、もうそれ**

しか人生がないと思い込んでしまうのは、小学生にとっては良くないと思いますので。

「絶対に行きたい！」という学校がある子はいいですけど、乖離しているとキツいですよね。6年生で一番下のクラスの子が「絶対に開成！」とかって言っていたら、その幼さでは「もう君、中学受験自体向いてないよ」と思いますけどね。中学受験は厳しいですから。

――志望校を決められない受験生や保護者に対してどのようなアドバイスをしますか。

女の子で志望校が全然ない場合は簡単ですね。最初からあまり偏差値の低い学校を言うと、親御さんも子どももプライドがありますので、難関校のなかから、「とりあえず鴎友と頌栄を見に行ってください」と言うんですよ。それで「どっちのカラーが好きか教えてください」と。「自由」か「管理」どっちが好きかという好みがそこではっきり分かれますから。「鴎友が好き」と言ったら、「じゃあこの辺りのラインを上から下まで見てきてください」という感じですね。

男子はあまり悩む子というのは、わたしの担当するケースでいえば、あまりいない印象なんですよね。

でも、「駒東」と「武蔵」は分かれますよね、明らかに。駒東に行くと、あのピリッとした感じがみんないいみたいです。一方、武蔵は自由ですからね。

――男子は確かにそうですね、確固たる理由があればいいですけれど、そうでないならもっと悩んでほしいですね。自由系の武蔵に対して管理系だと、巣鴨なんかは基準にしやすいかも

しれませんね。

確かに武蔵と巣鴨を見るといいかもしれないですよね。

男子の場合、志望理由が単純なんですよね。「グラウンドが広い」とか。同じ自由がいいと言っても、「武蔵はいいけど、麻布は嫌だ」と言う子もいるんですよね。「自由すぎる」という理由で（笑）。

だから、**決めかねているんだったら、いろいろ見に行ったらいいと思うし、見に行ったうえで迷っているんだったら、すごく単純ですけど、「どういう6年間を送ってほしいですか」と親御さんに聞きます。**

そうしたら、それなりに希望とか考えはありますから、それに合った学校を薦めますね。

なんの考えもなしに見に行くから駄目なんですよね。**なんか学校というのは「染め上げてくれる」と思っているようですが、まずはご家庭で「どう育てたいか」というものがあって、そのうえで中学受験するのでなければ駄目ですよね。**

「個別指導」と「家庭教師」の違い、メリット・デメリット

——家庭教師業界というのは、人数は増えているんですか。

増えていると思います。良いか悪いかは別にして、市場は拡大しています。
中学受験の家庭教師が一番ニーズがあって、次が医学部受験ですね。少子化の影響で、ひとりあたりにかける教育費が増えています。
だいたい、家庭教師をひとり付ける家は、最初は算数とか国語とか弱いところから始めますけど、不安になって他の科目にも家庭教師を付け始めますよね。やっぱり塾と家庭だけでは難しいというのが、6年の直前になると見えてくるんです。家庭教師が付いて点数が上がっていくのを目の当たりにすると、時間もないしお金を投資してやらないと駄目だと考えるのだと思います。

——プロの家庭教師になる方って、どういうキャリアを歩んできた方が多いんですか。

いろいろですけど、やっぱり元塾講師が多いですよね。塾講師をやっていなくて家庭教師だけの人もいますけど、やはり塾の事情がわかっていないと、ちょっと弱いといいますか。

あと、一匹狼的な人、管理されるのが嫌いな人が多いですよね。社会に出たけれどうまくいかなくて、この業界に流れ着いたみたいな感じの人もいます。昔は、司法試験浪人生とか大学留年とか多かったですけど。

――個別指導と家庭教師の大きな違いはどこだとお考えですか。

もう全然違いますね。個別指導は、マンツーマンだと家庭教師に似ているように見えますけれど、まず「通うか通わないか」が大きく違う点ですよね。個別は通わなきゃいけないですし、時間がきっちりと決まっていますから、「もうちょっと」と言っても60分で終了となります。次の子も来ているし、なかなか融通が利かないですね。

家庭教師だと、時間が過ぎても「あと10分、この2問やってから終わらせよう」ということはできますよね。あと、親御さんとコミュニケーションも取れますよね。

個別はだいたい小規模な塾みたいなものです。というのは、TOMASとかもそうですけれども、結局黒板を使って授業をやっている所が多いんですよ。だから、ひとりのための塾というスタンスが圧倒的に多いです。あと、**大手塾に併設されている個別は、使い方に注意が必要ですね。**

なぜかというと、塾本体で採用されなかった講師や大学生が多く、基本的に塾の授業の解説しかしません。そもそも年間カリキュラムを立てて実力をつけてくれるところではないんです。

だから、もし利用するならわからない単元を指定して行ったほうがいいですね。TOMASみたいな塾に高いお金を払って行くのであれば、ちゃんと年間のスケジュールで実力をつけてもらうように言いますね。そこまでできる先生はほとんどいないですけれど。

中学受験という経験がもたらすメリット

——最終的に不合格だった受験生や保護者にはどのように対応されますか。

いっぱいいますよね。今年も、わたしの教え子で第一志望に合格したのは2人です。第一志望は2月1日が多いから、結果は早々にわかるじゃないですか。そこからが勝負なんですよね。やっぱり2月1日は一発勝負だから、緊張して駄目な子もいっぱいいるわけですよ。そういう場合は、**「受験の魔物にやられちゃったね」みたいにいろいろな言い方で励まします。**第一志望が駄目だったことがわかったら、**すぐに第二・第三志望に向けて気持ちを切り替えなきゃいけない。ここから本領を発揮させないといけませんから。**まず、落ち着かせて、自信を復活させて、緊張しないおまじないだったり、いろいろなことを伝授して送り出しますよね。

でも基本的にずっと関わっているから、**「合格がすべてじゃない」ということはわかってくれているわけです。みんな、もちろん第一志望合格を目指して真剣にやるんですけど、悔いが残るような戦いだけはしたくないということをわかってくれています。**

過去問で点数が取れなくても、「ここまで戦えるようになったね！」とか言いながら、とにかく気分を盛り上げて送り出しているわけです。

だから本人が思い切りやってきて駄目だったら、もうそれはそれで仕方がないですし、**「今までやってきたことが、今度は中高の6年間で必ず生きるから」という話をします。**

中学受験がすべてではないですし、最終的にご縁のあった学校できっちりと充実した6年間を送れるように、必ず前を向かせるようにします。

子どもは切り替えますよ。切り替えられないのは親御さんのほうですね。

志望校を全滅する子もいます。普通はそうならないように手を打つのですが、そのご家庭は、親が「全滅してもいいから洗足1本、3回受けて駄目なら公立」というふうに最初から腹をくっていただいていたので、良かったですけれどね。

公立に行ったとしても、中学受験を経験していた分のアドバンテージがありますし、ずっとトップにいられます。

あと、全滅ではないですが、第一志望の駒東が駄目、第二志望の海城は受かるはずの力があったけれど駄目で、巣鴨だけ合格。本人は巣鴨に行きたかったのですが、お父さんが猛反対して「巣鴨に金は出せん！　日比谷を受けろ！」というケースもありました。結局その子は高校受験で渋幕と筑駒と開成に受かりました。**ですから、人生を早く決めすぎるのもいいことばかりとは思いませんね。**

――では最後に、中学受験という経験全体のメリットとデメリットは何だと考えていますか。

メリットは、子どもの学力・精神の成長です。しかし、全員がこれを経験できるわけではありません。

むしろデメリットのほうがはっきりしています。**最大のデメリットは、中学受験に向いていない、学力的にというより、成熟度が低くて受験のタイミングではないのに無理矢理受験させることによって、「親子関係が崩れる」「子どものトラウマになる」「親も子も〝うちの子（自分）はこの程度〟」と思い込んでしまうことです。**

中学受験に向いていない子は、成績も上がりません。これから伸びるというときに、中学受験によって偏差値30台、40台の学校に固定化されることによって、**親子ともに能力や可能性を諦めてしまいます。これは非常に危険なことだと思っています。**

――なるほど、まずは向き不向きをしっかり保護者が見極めることが大事だということですね。ありがとうございました。

[＊]助詞や接続詞などの「機能語」を読み飛ばし、知っている単語だけを繋げて解釈するような読み方

変わる中学受験の背景とその対策

問題の多様化と偏差値の信憑性

文部科学省によれば、2020年の入試改革後の大学入学共通テストでは「知識・技能」だけでなく「思考力・判断力・表現力」が問われることが想定されています。「不確実性」「予測不可能性」社会と言われる昨今、「思考力・判断力・表現力」と「主体性・多様性・協働性」というキーワードは受験業界でも散見するようになってきました。しかし、それらの力は「知識・技能」に比べて身につけにくいと言われています。

一部小中学校においても情報の収集・編集・発表などの作業を通して、答えのない問いに向き合う時間を設けたり、探究型学習を取り入れる私塾も台頭してきましたが、まだまだ一般的とはいえません。いまだ「受験に役に立つかどうか」という判断基準で学習方法を選択する保護者や受験生が大多数を占めています。まず大学入試が具体的に変化することで、ようやく教育業界全体がシフトすると考えられます。

そんななか、入試改革を先取りする形で、中学受験もこの数年変化してきています。〝21世紀型入試〟〝新タイプ入試〟などと呼ばれていますが、大きく分けて、①教科思考力型　②適性検査型　③問題解決型の3つに分類できます。

①の教科思考力型は、武蔵の「おみやげ問題」や慶応湘南藤沢の「条件作文問題」をはじめとする、以前より難関校を中心に出題されてきた教科ごとに特色のある思考力を問う入試、②の適性検査型は、公立中高一貫校が採用した教科書レベルの知識技能を用いて思考力・判断力・表現力を問う教科横断型の適性検査型入試、③の問題解決型は、企業の採用試験や研修などで用いられるような発想力やコミュニケーション能力を含む社会人基礎力の素養を問う入試です。

このような出題は偏差値を算出することが難しく、多様化が進む各学校の入試傾向を背景に、データを分析して合格可能性を見ることが難しくなっていくと予想できます。また、一問一答的な感覚では解答を導き出すのが難しい問題も多く、論理的な整合性よりも出題者の意図を推し量って最適解を考えるような問題に対応する力を養うためには、保護者も講師も従来の構造化した制度や価値観から脱する必要があります。

従来型の詰め込み教育と探究型学習

中学受験否定派の意見として最も多いのは、「詰め込み教育」に対する嫌悪です。中学入試には教科書外の知識・技能が必要な問題が大量に出題されます。高校受験や大学入試センター試験が教科書からの出題が中心であることを考えると、かなり特殊な入試といえます。学校ではカバーできない範囲や知識が多すぎるため、当然、塾や専門家に頼ることになり、その構造自体を問題視する声もあります。

しかし、だからこそ輝ける生徒が居るのも事実です。学校の同級生が知らないことを知ることに喜びを感じ、うまく好奇心を充足させながら、楽しく「暗記」をする生徒も少なくありません。問題なのは、能動的な「詰め込み」なのか、受動的な「詰め込み」なのかという視点です。自ら進んで知識を取り込んでいるのであれば、いわゆる探究型学習と何ら変わることはありません。探究の対象が、中学受験に必要な知識のなかにあったというだけです。

今も昔も教育における問題点の多くは制度化にあります。制度化するとは要するに合理化の為にシステム化することといえます。では、なぜ人は合理化に向かうのでしょうか。その答えのひとつが大脳新皮質の働きと考えられています。言語処理や論理操作はおそらく人間独自の才能です。そしてそれらを司っているのが大脳新皮質で、いわゆるペーパーテストなどで鍛えられるのもこの部分です。しかし、人間独自の部分を特化させても知能全体が高まるとは言えません。ここに現代教育の誤解があります。

発達心理学者ジャン・ピアジェによれば、「旧皮質の知能が充分に発達したあとに、初めて新皮質の知能が効率的に発達する」といいます。動物的な知能から段階的に伸ばすべきだというんですね。

そのためには、子どもたちが自分自身でそれぞれの経験や知識、理解をもとに新たな理解を組み立てられるように、手助けをするような授業が理想とされています。ピアジェの弟子で数学者のシーモア・パパートは、さらにその方法を推し進め、知識を利用したもの作りをすることで学習効果を高めるという〝構築主義〟を提唱しました。これらの考え方や方法は探究型学習の中心的なアイデアのひとつになっています。

〝21世紀型入試〟の具体例

2018年度大妻中野の「新思考力入試」では、2006年はYouTubeやTwitterなど多くのSNSが普及し始めた年であったことを背景に、『TIME』誌が、〝person of the year〟に、政治家や科学者、経済界のリーダーなどの一個人ではなく、〝You（あなた）〟を選出したことについて、理由や意味を考えて400字から600字でまとめるという条件作文が出題されました。これは教科思考力型の要素が強い出題といえます。

また、かえつ有明の「思考力入試」では、人間の知能を百とした時、様々な動物の知能がいくつになるかというアンケート調査「動物の知能に対する評定値の平均と順位」を提示して、〝オウム〟の位置づけとその理由、そして「人間らしい知能とは何か」が問われました。また、カフェテリアで実施される同校の「アクティブラーニング思考力入試」では桃太郎を題材に、主人公を変えてストーリーを作りグループ全員で演じるという出題もありました。前者は適性検査型、後者は問題解決型といえます。

２０１７年度に食糧問題の解決方法をレゴ作品で表現させて話題になった聖学院中学校の「難関思考力入試」では、高齢化を背景に医療やＡＩなどの先端技術について、資料や音声をもとにして内容と患者・家族側と、病院側のそれぞれの問題点を記述させたうえで、高齢化時代における医療現場の問題を解決するための人工知能の使い方をレゴ作品で表現させ、文章で作品説明させるというものでした。典型的な問題解決型の出題です。

これらの入試に対して、「受験」という枠組みのなかで考えられるパターンはふたつあります。ひとつは従来型と同じように出題傾向から逆算して、合格に必要と思われる力を「能力開発」的にトレーニングするという方法。そしてもうひとつが探究型で「興味開発」をするなかで、自然に伸びてきた技能を周囲の大人が判断して合いそうな学校や入試を提示する方法です。どちらの場合も本人がその目的や方法について能動的であればいいと思います。

本質的な探究を突き詰めるならば、「受験」である以上どうしても矛盾が生じてしまいます。繰り返しになりますが、どんな入試においても大事なのは、合格を目的としないこと。その学びを能動的に楽しくやっていること。「試験があるなら結局従来型と変わらないじゃないか」というような二極化をせずに、「従来型よりも多様になって可能性が広がった」と感じることが大事だと思います。

僕は20年以上この業界にいますが、大きな前進だと感じています。

“21世紀型入試”に有効な対策

①教科思考力型　②適性検査型　③問題解決型――どの問題をとっても共通するのは、基本的な知識・技能と、母国語による思考と表現が必要となってくることです。ですから、普段からご家庭や教室である程度焦点を絞ったテーマについて積極的に対話をすることや、読み書きを日常的に行う環境作りが必要です。その際、読み書きに関しては、スマホやインターネット、漫画に依存しすぎると、書き言葉の習得に繋がらない恐れがありますので注意が必要です。また、家族には正確に話さなくても意味が伝わってしまうところが多分にあるので、家族以外と話す機会が必要です。そのような言語能力をしっかりとつけたうえで、各学校の特色に合わせた対策が必要になります。

しかし、基本的な言語能力の習得にしても、各学校に合わせた対策にしても、現状では、なかなか塾任せというわけにはいかないのではないかと思います。実際、僕の教えている知窓学舎からかえつ有明中学校の「アクティブラーニング思考力入試」で倍率40倍のなかで合格をいただいた生徒がいますが、具体的な対策ではなく、いかに教育関係者だけではない多様な大人や先輩後輩と話す機会を作るか、ということに重きを置いていました。テキストやメソッドではなくどのような「場」に関わるかが結果的に対策になるのではないかと思います。いろいろな場所に行ったり、いろいろな人に会ったり、そういった日々の経験をうまく作ってあげたいところです。

保護者世代のイメージとギャップ

中学受験を題材にした漫画『二月の勝者』は、〈君たちが合格できたのは、父親の「経済力」そして母親の「狂気」〉というセンセーショナルな台詞で始まります。団塊ジュニア世代が保護者になり、当時の「受験戦争」の記憶やイメージとわが子の受験を重ねてしまう方もいますが、最近の傾向としては、それほど激しく受験勉強をするのは、最難関校を目指す生徒やそういう方針の塾に通っている生徒に限られます。また、男女共学の学校や、公立の一貫校を志望する受験生や保護者も急増していて、学校の雰囲気も偏差値や入りやすさも保護者世代が受験生だったころとはだいぶ状況が変わってきています。

とはいえ、中学受験は相変わらず「親の受験」とりわけ「母親の受験」と言われています。ベネッセが2012年に行った「中学受験に関する調査」によれば、中学受験を考えているご家庭のうち、52パーセントが「母親が言い出した」ものだといいます。実際主導権を握っているのはお母さんであることが多く、保護者会や面談もほとんどがお母さんの役割になっています。お母さんが発案し、管理し、お父さんが承認をするご家庭が多い印象です。

では、いったいなぜ世のお母さんたちは中学受験に魅力を感じるのでしょうか。個人面談などで最も多く耳にする理由は①「高校受験がないのでゆとりがある」②「有名大学への進学率が高い」

③「先生や授業の質が高い」④「同レベルのいい友達ができる」の4つで、塾側もこれらのメリットを挙げることが多いのですが、よく見ると③と④は定性的なもので、感じ方は人によってかなり曖昧になるものです。①に関しても、中高一貫であれば高校受験がないことは明示できますが、果たしてゆとりがあるかどうかは話が別です。ほとんどの一貫校が、中高6年間でやる内容を早回しして5年間で終わらせるカリキュラムを組んでいます。そして、唯一、数値データとして示せる②の実績を上げるために、実際は頻繁な小テストでの管理やかなり多くの宿題を課す学校もあり、ゆとりがあると感じられるかどうかは入ってみなければわかりません。塾へ行かずとも大学受験へ繋がる学習を進めてもらえる一方で、授業の進度に付いていけず、学校側のフォローもないまま辞めてしまうケースも少なくありません。ですから、②以外の情報に関しては、実際に足を運んで体感する必要があります。

つまり、中学受験への動機は、お母さんの中高一貫校に対するイメージが大きく影響しているといえますが、中高一貫校へのポジティブなイメージの背景には、公立中学校に対する「不安」があります。特に「ゆとり教育」実施時に広まった学力低下のイメージは色濃く残っており、「高校・大学に進学するためには勉強量が足りないのではないか」と考えているご家庭が多いようです。また、技術の進歩による社会の変化に伴って、プログラミング教育やアクティブラーニングなど「先進的な教育を受けなければ仕事に就けないのではないか」という不安も聞かれます。そのような流れのなかで、中高一貫校も巻き込んでの教育改革が進められています。

教育改革とその背景

2020年度から始まる教育改革にはふたつの大きな柱があります。①新学習指導要領と②大学入学共通テストです。①のなかで特に大きな変化は、「主体的・対話的で深い学び」という概念の登場です。今までは、知識技術の理解と暗記・習得を目的とした「能力開発」を目指す内容でした。そのためペーパーテストで到達度を判断するという効果測定が主流になっていたといえます。しかし、「主体的・対話的で深い学び」は、自分で考え、表現し、判断する力を育成することを目的としていますので、従来型のテストでは到達度が測れません。②については、これまでの「大学入試センター試験」はマークシート式で英語では読む・聞くの2技能を評価していましたが、「大学入学共通テスト」では国語と数学に記述式問題を導入し、英語は読む・聞く・話す・書くの4技能評価にかわるというものです。

この教育改革にはいくつかの背景がありますが、大きく影響したのは「ゆとり教育による学力低下感」と「社会で必要とされる人材観の変化」といえます。「ゆとり教育による学力低下感」が生じた原因のひとつは、「OECD生徒の学習到達度調査」(PISA)や国際数学・理科教育動向調査(TIMSS)といった国際学力調査結果の順位が下がったことです。さらに大学など高等教育機関の指導者による「最近の大学生は質が下がった」などの発言や、企業の管理職などによる「ゆとり世代は指示待ち人間」「最近の若者はすぐ辞める」などの発言が拍車をかけたと考えられます。また、日能研をはじめとする大手進学塾のネガティブキャンペーンもかなりの影響があったと考えられます。ただし、国際学力調査に関しては参加国が増えたため順位が下がっただけだという指摘もあり、その他の意見に関しても定量的なデータや論拠のないものも多く、実際に学力が低下していたのかどうかははっきりとしません。

「社会で必要とされる人材観の変化」のきっかけは、2005年に未来学者レイ・カーツワイルが、「2045年に人工知能が人間の知性を越える」と予測した「シンギュラリティ［＊］」問題で、2013年に「米国の雇用者の47％が10年後には職を失う」というオックスフォード大学のマイケル・A・オズボーンによる論文『未来の雇用』が話題になったことにより拍車がかかりました。「能力開発」を目的としてきた教育界におけるインパクトは大きく、「人工知能に仕事が奪われてしまう」という話ばかりが流布し、それはあたかも「職業」がなくなるというように捉えられています。この点について、人工知能研究者の松田雄馬さんは「〝知能とは何か〟という問いの答えを持たないまま、人工知能について議論されている傾向がある」と指摘しています。過去の「人工知能ブーム」においても、1956年に人工知能のパイオニアであったハーバート・サイモンが「機械は20年以内に、人間ができるどんな仕事もできるようになる」と言ってさまざまな業界で話題になりましたが、結局そうはなりませんでした。

そもそも教育業界において「仕事」という言葉は明確な定義を共有しないまま乱暴に使われてい

て、多くの場合「職業」「労働」「作業」といった意味合いが曖昧に混ざり込んでいます。人工知能は哲学者ジョン・サールによって「強い人工知能（人間のような知能を持つ）」と「弱い人工知能（人間のような知能の代わりの一部を行う）」に分類されていますが、現在加度的に進化をしているのは「弱い人工知能」と呼ばれるほうのいわば計算機で、我々がイメージしがちな人間に取って代わる「強い人工知能」はいまだ実現していません。つまり、演算がどこまでスピードアップしたところで、人間の知能に追いつくわけではありません。演算処理が高速化することで思考を伴わない単純な「作業」などはAI任せにできるようになりますが、「弱い人工知能」は環境の変化に合わせて新しいアルゴリズムが必要になるため、臨機応変で適切な判断をすることはできないわけです。あらゆる職業において、環境は変化していきます。言い換えれば、すべての職業は不確実性のなかにあるため臨機応変な判断が必要で、環境の変化に伴うルールの変更・調整・運用ができる力が社会で求められ始めていると言えます。

そのような社会の変化のなかで、社会に必要とされる人材観が変化しているわけですが、結局従来と同様、新しい〝大学入学共通テスト〟や〝21世紀型入試〟でいい点が取れれば社会に出て苦労しないかというと、それは大きな誤解です。不確実な社会で生き抜くために、大人も子どもも、受験するか否かも関係なく、日々考えながら変化していく必要があると言えそうです。

［＊］人間的な「強い人工知能」が登場するといわれる技術的特異点のこと。

第4章

「探究型学習」と中学受験

宝槻泰伸（探究学舎代表）

公立だろうが、私立だろうが、中高一貫校だろうが、どの学校に行っていたかということはあまり関係ないですし、大学受験の結果を左右するものではないというのが僕の立場です。

PROFILE●ほうつき・やすのぶ

探究学舎代表。高校も塾も行かずに京都大学に進学、という特異な経歴を持つ。大学卒業後すぐに起業。映画や漫画、小説、キャンプなどから縦横無尽に学んだ経験を活かし、小学、中学、高校、大学、教育委員会、PTA、職業訓練校、民間企業など、さまざまな場所で講師としても活躍。幅広い年齢層に対して提供する授業や研修は、世代を問わず聴衆を惹きつける魅力が評判。現在は、探究学習を柱とした教室「探究学舎」の代表を務めながら、出張授業を通して探究学習を全国に届けている。その教育手法は、雑誌・新聞・テレビなど多くのメディアで紹介されている。出演番組『NHK ニッポンのジレンマ』。著作に『強烈なオヤジが高校も塾も通わせずに3人の息子を京都大学に放り込んだ話』（徳間書店）、『京大3兄弟ホーツキ家の「掟破りの教育論」とんでもオヤジの「学び革命」』（小学館）、『勉強嫌いほどハマる勉強法』（PHP研究所）、『探究学舎のスゴイ授業：子どもの好奇心が止まらない！能力よりも興味を育てる探究メソッドのすべて 元素編』（方丈社）など。5児の父。「探究学舎」（http://tanqgakusha.jp）

――インタビュアーとは黎明期より「探究型学習［＊1］」を提唱してきた実践家同士ということで、本日はよろしくお願いします。

よろしくお願いします。

――2018年に入って急激に探究型という言葉が聞かれるようになってきましたね。

ついにですね。ただし、その一方で探究型がどういう学習なのかがあまり理解されていないという印象も受けます。おそらく大半は、「生徒が自分で調べて発表したりして、先生のレクチャーを聞かない」みたいなことを探究と言っているのではないかと思います。「探究、探究」と言っている人が増えて、時代の潮流に乗りたいという気持ちはわかりますが、やはり本質を理解している人は少ないのではないでしょうか。

――そんななか、「そもそも本当にその子にとっての最良の選択肢は中学受験なのか」みたいなところから、しっかり考えるきっかけを作りたいと思って宝槻さんにお声かけさせていただきました。中学受験業界の意見だけ聞いていても偏ってしまうので。中学受験というキーワードに引っ掛かってきてるお母さんやお父さんに、そのまま突っ走ってほしくないんです。

私の周りにいる中学受験に対して魅力を感じている保護者の方々にとっては、「遊びを犠牲にしてまで、大量の課題をこなす塾に通わせないといけない」ということがネックになっています。「うちの子には、そういう勉強のスタイルを強要したくない。でも私立学校には魅力を感じる。うーん、どうしよう」といった悩みはよく聞きます。

大学受験の結果はどの学校に行こうがあまり関係ない

――探究学舎は中学受験に対応していないですよね。宝槻さんとしては中学受験に対してはどんな立場をとっていますか。

中学受験に対応はしていませんけど、決してアンチというスタンスではないんです。全国的に言うとちょっと話が散らかってしまうと思いますので、自分が住んでいる東京都のケースで話をします。

なぜ私立の中学や公立の中高一貫高に行こうとするのかというと、おそらく公立中学校に入った場合の高校入試を想定しているからだと思います。

いずれ大学受験はみんなが経験します。でも、その手前で高校受験という話になったとき、まずは私立や中高一貫校のほうが大学受験に有利という考えや「うちの子が公立中学に行ったら、はたしてちゃんとやっていけるのか」みたいな心配があるんだと思います。

それはなぜかといえば、公立中学校というのは、内申点や提出物がかなり重視されていて、ガチガチの公立中学の体制に適応しないと、高校受験がうまくいかないような雰囲気があると考えているような印象を受けます。そうすると「うちの子ってもっとのびのびとしてるし、好きなことをずっと探究するような感じで、オールマイティに要領良くやる感じじゃない」というケースですと、親は子どもが公立中学に行ったら、「あまり伸びないんじゃないか」「ちょっとかわいそうだ」と判断している保護者の方々がけっこういるなという印象を受けますね。

だから、公立中学よりも、この子に合う私立または公立の中高一貫校を見つけて、そこに行ってもらったほうが結果的にはいいんじゃないかと考えているんじゃないでしょうか。

つまり、学校の多様性みたいなものに魅力を感じて中学受験を選択するというケースがあるということをここ2年ぐらいは感じていますね。

先ほども言いましたが、以前でいえば、大学受験に際してのメリットが中学受験の大きな動機だったと思います。そういう動機に対して僕は否定的な意見を持っています。**私立や中高一貫に行かないと大学入試でいい結果が得られないというのは、あくまでも〝神話〟でしかありません。**

僕の話をすれば、僕は学校に行っていません。**大学受験で合格する方法は明確にありますので、公立だろうが、私立だろうが、中高一貫校だろうが、どの学校に行っていたかと**

いうことはあまり関係ないですし、大学受験の結果を左右するものではないというのが僕の立場です。

――逆に言うと、そういうところを魅力にしていかないとまずいな、という私立の学校が増えている傾向もありますね。偏差値一辺倒で戦っていけるかっていうと、上位校しか戦えないわけですよ。バブルのときにこれだけ増えちゃった私立校、特に女子校を中心に、これからどうしていくのかを考えなければ生き残れない。そのための方策のひとつが、「個性を出していこう」ということ。もうひとつが「共学化しよう」ということだと思います。

そう、多様性ですね。いま矢萩さんは「個性」と言いましたけど、それに対して、**特に公立の学校は「適合」、適合尊重**という感じなんです。**ルールとかシステムというものに対して、しっかりと適合する従順さみたいなものを生徒の評価基準とする傾向がある**などという印象です。

――そうですね。とんがっている部分とか飛び出ている部分を評価するのではないですよね。マイナス部分がないかどうかっていうところですよね。

「減点主義」とまで言ってしまうと、言いすぎかもしれませんが。

「探究型学習」はいかに詰め込まないかが重要

――そういう意味では、適性検査っていう名称というのは微妙ですよね。でもその適性検査型の試験だとか、思考力型とかアクティブラーニング型という試験がかなり増えてきました。その点についてどう思われますか。

対策ができない中学入試とかがどんどん増えていくのは、非常に理にかなっているんじゃないかなと思います。なぜなら、「適合」を嫌って、「個性尊重」の環境を手に入れようと中学受験を考える親御さんたちがいるとします。その人たちは、子どもが小学校の時期も同様にのびのびと個性尊重で育っていってほしいと考えています。ところが、中学受験を考えたとき、いきなり中学受験の進学塾にお世話にならなきゃいけないという現実が待ち構えている。しかも進学塾は、大手になればなるほど厳然としたシステムがあって、そのシステムに適合しないと中学受験では成功できない。

つまり、「個性」や「多様性」というものに魅力を感じて中学受験を選択するのに、そのプロセスで進学塾というシステムに「適合」しなければならないというのは、ものすごく矛盾しているなと思いますね。

だったら、中学入試をするにあたって、「うちの子さかなクンみたいな感じで小学校6年間を過ごしたんだけど、そのなんかとがった感じを、対策のできない入試で評価してもらって、そのままスポンって多様性のある環境に入れてあげたい」ということが可能となれば、親はすごく嬉しいんじゃないかなと思います。

――でも、探究型の学習に触れ続けていることで、対策ができない入試の対策になっていると思います。いわゆる本質的な探究学習をやってる人たちの所にいた生徒は、確実に受かりやすいだろうなという入試が増えてきています。だからそういう意味では、受験っていうものが大手塾だけのものではなくて、進学塾だけのものでもなくって、しっかり探究をやってきた受験生が評価されるような流れは来ていると思います。

おそらく従来の中学受験市場の問題というのがあったんだと思います。

例えば従来の塾のやり方でいえば、受験対策は5年生からというのがありましたが、それが今では「4年生からのほうがいい」「3年生からのほうがいい」と早期の青田買いが起こって、中学受験が長期化する問題が起こっている。僕からすれば、起こっているというよりも「起こしている」という印象です。

どこの塾に行っても同じようなテキスト、同じような指導方法となれば、ビジネス競

争における優位性を保つためには、生徒を早い段階で刈り込んでしまうことしかない。この中学受験市場の問題は、顧客となる親御さんたちにとっては、費用の増加、期間の長期化を招き、メリットがあまりないわけです。

逆に矢萩さんにお聞きしたいのは、そうした状況のなかで中学受験がアクティブラーニング化や探究化という方向に進むと、その風景は変わるかもしれないと思いますか。

――そうですね。現状の塾業界の構造やビジネスモデルが主導だと、競争優位性を担保するために〝早さ〟や〝速さ〟というアイデアで乗り切ろうとしすぎる傾向があります。例えば中高一貫校の最大のメリットと言われているのは、「中高6年間でやる内容を5年間で終えます、残り1年間は受験対策に使えます」なんですよ。今、大手の進学塾もほとんど同じで、「中学受験の範囲は5年生まででひととおり終えます。6年生は対策をします」っていう早回しなんですね。理由は簡単で、そのほうが〝合理的〟だということで説得力があるからです。ただその、中高6年間の1年間早めることと違って、成長期の小学生たちのあの感覚で1年早めることに弊害があるのではないか、ということに関してはあまり語られてないわけです。一方で、探究のポイントってたぶん、のびのびと好きにやる、じゃないですか。のびのび好きに探究してきた受験生でないと合格が難しいような事例が増えてくれば、当然その風景は変わってくるとは思います。本質的な変化ではないにせよ。

そうですね。進学塾は「これだけのボリュームを短期間に詰め込む」ことをアピールしているわけですよね。

でも、**探究というのはそれの真逆で「詰め込まない」。いかに詰め込まないか。その詰め込まない環境を提供することを通して、学習意欲みたいなものが湧いてきて、結果「自発的に詰め込む」ということなんですよね。**だから、他人に詰め込まれるという体験ではなくて、**「自分で自分に詰め込む」という体験を重視するのが、探究の美学だと考えています。**

——そのあたりが、探究型の教育と受験勉強の共通項というか、どちらにも活かせるポイントですね。短期記憶を鍛えることと詰め込み教育の間には、能動的なのか受動的なのかっていう要素が絡んできます。能動的に短期記憶を鍛える経験をしておくことで、自ら詰め込めるというか、センター試験のテキストを1カ月で読み込んで合格点が取れるみたいなことも可能なわけです。それができるっていうことを探究型のなかで見せてあげることで、選択肢として浮上してくるんじゃないかと思います。たぶん〝見せる〟のは美学じゃないんだとは思うんですけど。

そうですね。今の視点で言うと、「能力開発」という領域があります。それは記憶力・計算力・読解力といくつもいろいろな標的があるわけです。

英語だったら4技能とか。おそらく、多くの人が誤解しているなと思うのが「能力開発って大変だ」と考えていることです。**能力開発を、すごい時間と手間暇をかけて、一生懸命やるべきものだと捉えているのだとしたら、それは大きな誤解です。逆にいえば、その誤解につけ込んで、「これだけやらないとできるようになりませんよ」と言って商品やサービスを買わせて商売しているのが、塾だといえますけど。**

でも本当は、能力開発のプロフェッショナルとか、プロフェッショナルではなくても、自分自身が能力開発をきちんと手に入れた、例えば東大とか京大出身のお父さん・お母さんたちというのは、**「いや、あれって結構短期集中で全然できるよね」ということを知っています。**だから、中高一貫校に入って5年間で6年分のカリキュラムを詰め込むとか、中学受験のために5年生までに詰め込むとかという方法は、あくまでもアプローチのひとつでしかない。もっと違う短期集中の効率的な能力開発の方法論というものがある、という前提があります。だから、そうした能力開発というものを理解している人たちのノウハウや感覚というのが、もう少し市場に浸透していくと、選択肢が増えていくのかなと思いますね。

結局、中学受験でも大学受験でもそうですが、重要なことは選択肢だと思うんです。子どもの資質や個性に合ったトレーニングの方法や学び方を選べるようになる、出会える

ようになるということは最も重要だと思うんです。

ある子どもにとっては、ドリルを繰り返しやらせるような重厚長大な能力開発というものが必要かもしれない。その一方で、プリント1枚やれば全部できますという子どももいます。そういう個性や資質が違う子どもたちすべてに均一的で重厚長大な能力開発を課しているとしたら、後者の子どもはかわいそうですよね。逆に探究型のトレーニングばかりで、能力開発は自分たちでやれということになれば、前者の子どもが困ります。

ですから、**親御さんが子どもの個性や資質を理解して、それにフィットした教育環境を整えることが、かなり重要になってくると思っています。**

能力開発ばかりやっていても「さかなクン」にはなれない

――宝槻さんはよく探究型は「興味開発」、従来型の受験勉強は「能力開発」という言い方をされますが、興味開発の先には、自主的な能力開発があるということですか。

それはちょっと誤解があります。大きい意味で、子育てのプロセスというものを、社会的にあるいは保護者的な目線で考えると、ふたつのニーズがあります。

ひとつ目は、子どもに「ちゃんと自立してほしい」ということ。自立のために、ちゃんと仕事を手に入れられるように、ちゃんと能力開発という準備をしてほしいというニーズですね。要は、赤ちゃんのまま体だけ大きくなっても現代社会を生き抜くことは不可能ですよね。パソコンのリテラシーとか読解力とか、もしくは英語とか、いろいろな能力が必要とされるわけです。しかもその能力が陳腐なものしか手に入れられなかったとしたら、AIに仕事を奪われるかもしれないという現実がある。だから、**適切に能力開発をやってあげて、子どもがちゃんと自立できるようにするというのは、保護者と社会の大いなる期待であり責任です。**

一方で、子どもに「好きなことを見つけて取り組んでほしい」というふたつ目のニーズがあります。好きなことを見つけるというのは、イメージで言うと、さかなクンみたいな人生です。**能力開発ばかりやっていても、さかなクンにはならない、ということがもうだいたいわかっています。**飯が食えるように自立させるというニーズだけを考えるのであれば、能力開発だけやっていればいい。確かに、能力開発に対して興味開発というものを、動機づけみたいに見せることはできます。こういうことを知りたい、ああいうことをやってみたい、だから頑張って能力開発を自発的にやるようになるというような形です。

でも僕は、**能力開発と興味開発は確かに関連性はあるんですけど、もう全然違う領域**

能力開発の島と興味開発の島というように、島が違うんです。**でも、今や両方ともやっていかないと、最終的にその子が幸せにならない、サポートできない、そういう時代に来ているなとは感じていますし、こうした状況は子どもたちにとっては、すごいチャンスだとも思っています。**

「こういう能力を身につけないと、お前は将来職業に就けないよ」とか脅迫されながら大人になるのと、「自分の好きなことを見つけてその夢に向かって走れ」と一方では言ってもらえる社会だったら、明らかに後者の社会のほうがいい。

自分が親になったときに「別にその辺に咲く一輪の花でもいい、巨大な桜の木にならなくてもいい、この子が自分の持った資質を開花させて、見事な花が咲いてくれたらいいな」と絶対に考えるはずなんです。それをアシストしてあげるのは、能力開発だけではないというのが僕の主張です。

だから、アクティブラーニングとか探究型受験とかが進んでいったときに、「興味開発をやると受験に有利だ」とか、「能力開発がもっと促進されるぞ」みたいに解釈されて間違った形で取り組まれてしまうんじゃないかと、むしろ危機感を抱いているぐらいです。

――なるほど、教育者や保護者は、興味開発と能力開発をあえて切り離して考えてほしいってことなんですね。

そうです。**興味開発というのは、受験の新しい道具でも、受験の新しい画期的なアプローチ法でもないんです。**受験というのは受験として存在はしていますけど、興味開発はまったく違います。なぜなら、さかなクンは別に受験を突破してきた子どもではないですよね。つまり受験とは関係なく立派にやっている人も世の中にはたくさんいるわけです。だから、子育てあるいは子どもの教育を考えると、「受験」「学歴」「能力開発」というふうに、非常に重力が強かった20世紀に対して、21世紀はもっとそこが相対的に縮んで、いろいろなことを子どもにやらせながら、子どもの個性や資質というものを見つけていこうという方向に進んでいくのではないかというのが僕の予測です。

――興味開発と能力開発のアプローチは入り口も目的も違うわけですね。

能力開発についていえば、ノウハウは世の中にすでにたくさん存在しているわけです。矢萩さんもいっぱい知っていますよね、小学生の国語とか、中高生のサイエンスとか。あるいは中学受験塾の先生や大学受験塾の先生や、あるいは英会話の先生やいろいろな先生が、**どうやってトレーニングすれば能力は開花するか、身につけられるかということはもうだいたいわかっています。でも、興味開発のノウハウというものは、存在していない。**親も子どももも、どうやっていいかよくわからない。

ですから、これからの教育の潮流に対して、われわれ教育機関がまだ準備が足りてないところだという気がしているんです。例えばこの本を読んでいる読者がその教育のプレーヤーだったとするなら、あらためて自分は能力開発の領域で顧客をサポートするのか、それとも新たに興味開発の領域でサポートをスタートするのかという選択をしてもいいんじゃないかなと思います。

「教育機関＝〇〇力を身につけさせる」という自己定理は、一回取っ払ってもいいと思います。

映像や漫画が持っている高い学習効果

――なるほど、相対性ということで言うと、例えば「センス・オブ・ワンダー［＊2］」というものがあったときに、実際はそれ自体に多様性がある。主体の個性や対象領域の幅や抽象度や深さの違いがものすごくあるから、興味開発っていうものをモデル化すること自体がそもそも難しいですよね。

そうです。難しいですし、測りづらい。例えば能力だったら「君より彼のほうができる」とか比較ができる。また、その比較をするための偏差値という道具も、もう100年前ぐらいに開発されたみたいな話がありますけど。いずれにしろ、「お前はこのセンス・オブ・ワンダーだね」とか、「君のセンス・オブ・ワンダーはもっとこうすれば輝くよ」とか言われても、よくわからないいんですよね。

――例えば、ストーリーから興味を持って、そこから能動的に詰め込んでいくというのが本筋で、でもストーリーにはまるかどうかっていうことの多様性があまりにもありすぎるから、興味の「種まき」が必要だということですね。

結局勉強法でいうとそうですね。僕たちのノウハウ、今発見しつつある興味開発の手法と呼ぶとするならば、初期の段階、つまり**小学生ぐらいの子どもに対してはいろいろなテーマを種として投げてあげて、「どれに一番驚きと感動を感じた?」とひたすら聞き続けるシンプルなアプローチです。**中高生ぐらいになると、「いや俺はもう歴史なんだ」とか、「昆虫なんだ」とか「俺はデジタル技術なんだ」みたいに、何かしら決まってくるじゃないですか。

――ちょっとメタになって、カテゴライズされていくんですよね。

そうです。その驚きや感動を感じたものをひたすらやったうえで突っ込んでいく。そういう探究があるわけです。

そして、大学生から30歳ぐらいの時期に、プロフェッショナルに弟子入りというプロセスがあるのではないかと思います。そして、さかなクンのように、プロフェッショナルとして、好きなことをちゃんと世の中に価値ある形で発信できるようになる――ざっくりとしたものではありますが、概ね描いているのはそんなイメージです。

――小学生の学習において、ご家庭でやっておいたほうがいいよみたいなアドバイスって何がありますか。

あえて言うなら、「いろいろな種類の漫画と映像をたくさん見せろ」ということですかね。なぜかといえば、映像や絵の情報提供力というのは、文字と比較すると5倍から10倍の威力があると僕は思っているんです。もちろん、漫画や映像ばかり見て、小説や本を読まないというのは考えものですが。

だいたい保護者の方の多くは、ちゃんと本を読んで読解をする・音読をすると、何かしらいい影響があるのだろうと思っています。そして、漫画や映像は悪影響があるのではないかと誤解しているような印象を受けます。でも、情報収集をしたり、そのテーマに対して興味を持つということを考慮すれば、**映像や漫画という媒体が持っている学習効果は非常に高い**と思うんです。ですから、もっと積極的に組み合わせて、子どもをサポートしたらいいんじゃないかなとは思いますね。

――入り口の編集や、敷居の低さが大事だっていうことですよね。

教科書というのはストーリー性がなくて、どうしても情報が羅列してある印象がありますよね。僕も大学受験のとき、生物や倫理を勉強したんですけど、教科書から体系的な知識を得るというのは大変ですし、苦痛でした。

ですから、僕がやったのは、NHKの哲学の歴史のような番組をまず観る。番組ではアリストテレスとかカントとかの顔が映像として出てきます。セリフや声の感じとかはフィクションですけど、それでもイメージはできますよね。

――情報をイメージと紐づけるわけですね。教科書のつくりってどちらかと言えば初習用ではなくて復習用ですよね。

そうです。「あの部分ってどうだったっけ」というときの確認用ですね。

次にやったのは、『ソフィーの世界』という小説を読みました。それで哲学の世界というイメージができてから教科書に進みました。古文とかも少女漫画の『あさきゆめみし』を読んで、次に『源氏物語』のイメージを入れてということをやりました。

『ソフィーの世界』は映画にもなりましたから、まずは映画を観て「面白いな」という感じで、映画から入って理解を深めるのもいいと思います。映画→小説ときて、そのあとに教科書という順番でやれば、学習のステップとしては非常に効率的だと思いますね。

――それを使って遊んで、みたいな学習って大事だと思いますね。例えば知窓学舎の学習法って、5年生までは教科書に出てくるキーワードをネタに遊ぶ時間を織り交ぜるんですよ。僕の場合だと、ペリーの顔に面白い落書きした奴が勝ちとか、そんなことをやりながらなんとなくストーリーやエピソードを語る。で、最後の6年生になって一気にバーっとやったときに、結構覚えているんですよね。イメージとストーリーが紐づいている。そこに正確な知識を入れていく。だから、そういうふうに詳しくは知らないけれどもなんだかイメージを紐付けるフェーズでは、正確である必要はないと考えています。

「正確である必要がない」というのは極めて重要だと思いますね。特に入門段階では。

教科書も含めてひとつの誤解があるとすると、正確な知識を身につけないといけないという、思考の呪縛みたいなものがあると思うんです。「正確な知識を身につけさせなきゃいけない」のではなくて、「正確な知識を身につけたいとその子が思うかどうか」の戦いなんです。

ところが、ほとんどの子どもは「正確な知識を身につけたいと思っていない」という現実がある。僕なんかも、古文の知識を身につけたいとは思っていませんでしたから。でも古文の先生は「知識を身につけさせないといけない」と思っている。全然違いますよね。

「適合」と「創造」というふたつの価値観

――探究学舎で「探究学舎に通いながら中学受験もさせたいんです」あるいは「したいんです」という生徒の特徴ってありますか。

特徴というよりも、「この子は公立中学とか行くより、一貫校でのびのびやったほうが」という親の意見ですね。「うちの子が中学受験したいと言い始めた」という場合もありますが、僕は動機とかは詮索しないのであまり生徒本人からは聞かないです。僕の勝手な解釈だと、おそらく友達関係のなかで「俺もやろうかな」という友達の影響が多いんじゃないですかね。

――小学生の保護者に、「これはやらないほうがいいよ」というアドバイスって何かありますか。

難しいですね。親の価値観にもよりますが、小学生のお父さん・お母さんに僕がよくする話でいえば、**「適合の価値観」と「創造の価値観」というふたつの価値観を、だいたいのお父さん・お母さんは持っています。**

適合の価値観というのは、「宿題ちゃんとやれ」とか「朝早くちゃんと起きろと」「ちゃんと学校に行け」という「ちゃんとやれ」という教育です。

創造の価値観というのは、「あなたらしくありなさい」「そのままでいいんだよ」という教育です。認めるとか受け入れるとか褒めるとかというのは、割と創造の価値観に根ざしていて、ほとんどの親は子どもに対して創造を促進したいと思っているはずです。だけど、気づくと適合の父・適合の母になってしまっている自分がいる。おそらくそこが、お父さん・お母さんの大きな悩みどころなんだなというのをすごく感じています。

僕が考えるに適合と創造というのは両輪で、子どもにとっては両方必要だと思うんです。例えば、自分が創造というのをなんか上手にやれてないなとか、なんかいつも適合ばっかりで、眉間にシワ寄せて、親子関係がちょっと最近うまくいってないなとか、そういう場合があったとすると、そういう**お父さん・お母さんの課題というのは、どうやって適合の力を抜いていけるかということだと思うんです。別の表現で言うと「適合を手放す」ということですが、これはかなり難しい。なぜ適合を手放せないかというと、不安だからです。**

「この子がちゃんとやれないと、将来どうなっちゃうんだろう」とか「うまく進学できないんじゃないか」とか「いじめられるんじゃないか」とか。だいたいそうした不安から、親による適合の働きかけが出てくる。でも、**「その不安の正体はいったい何か」ということを、お父さん・お母さんがもっと自分で見つめるべきなのかなと思います。**そうすると、だいたいが「こうさせたい」という、お父さん・お母さんのエゴである可能性が高い。

一方で子育てが上手だなと思うお父さん・お母さんは、その適合というのを程よくしかやらず、基本的には創造という器でやっているんです。

「適合のOS」から「創造のOS」への切り替え

――「創造の器でやる」とは、具体的にはどんな感じですか。

例えば立派に成長した子どもがいて、「どうやったらあんな子に育つんですか」と聞くと親御さんが「褒めて育てただけですよ」みたいな話をすることがよくありますよね。するとおそらく多くの人は「そんなことないだろ」「いやなんか特別なことしたんだろう」と思うはずです。でも本当に「褒めて育てただけ」ということが多くて、あまり細かいことを言ってないんです。

適合は程よくやればよくて、基本的には創造で関わってのびのびと育ててあげようという、その親の器と結果がちゃんと一致しているケースは多い。そういうケースは、子どもに対しては不安よりも、むしろ逆に強い期待があったりすることが多いです。

僕はよく「Being」の話、在り方の話をします。並行してやり方の「Doing」という話があるんですが、「何をしたほうがいい」とか「何をしないほうがいい」というのはDoingの質問ですよね。Doingについては、確かにいっぱいありますし、僕なりの考えもありますが、結局のところ**Beingが整ってない人にいくらDoingの話をしても意味がないと思うんです。**つまり、Doingというのはアプリケーションソフトなんです。「どのアプリ使ったらいいですか」とか「どのアプリは使わないほうがいいですか」という話をしていることと同じです。でも、OS［＊3］がずっとWindows3.1［＊4］のままなのに、最新のアプリの話をしても意味がない。**「あなたのOSをまずバージョンアップせよ」ということが、僕が結構強く思うことです。そして、OSのバージョンアップのためにヒントとなるのは、先ほどの適合と創造の話なのかなと思います。はっきり言えば、「適合のOSから創造のOSに切り替えろ」ということです。**

——適合のOSから創造のOSに切り替えるために、一番影響があることはなんだと思いますか。

お父さん・お母さんの仕事観ですかね。

代表的な例で言うと、「仕事というのはつまらない、我慢だ」「生活の糧を得るためにあるんだ」という仕事観の親がいたとします。すると、その子どもが大人になるための準備というのは、「忍耐力を鍛える」とか「言われたことをきちんとやる」とかという話になってくる。そうなれば、勉強するということはそもそも苦しいものだし、つまんないものだし、でも、それを粛々と耐えて成果出すという適合力こそが将来に必要だと考える。

そういう親は、探究学舎に対してはまったく興味を示さないです。うちは「勉強を面白くしよう」とかって言っているわけですから、そういう親からすると「いや、勉強なんて面白い必要性なんてないでしょ」となりますよね。

——知窓学舎も「探究型で楽しく受験」と謳っているのにもかかわらず、そういう価値観の保護者がいらっしゃることもあるんですよね。

わかります。迷い込んできますからね。「受からせるのが塾の仕事だろう」という。「そのためにお金払っているんだから、子どもをゴムみたいにビローンって伸ばしているんじゃない。もっと引き締めろ」と言ってくるわけですよ。

——「なんで勉強しに行っているのに笑顔で帰ってくるんだ!」と。やはり受験のイメージや固定観念は強いですね。

でも、だいたいそういう人というのは、塾をたらい回しにしますよね。この塾では子どもがちゃんとやるのか、ちゃんとやらせているのかと、要するに不安なんですよ。根が不安からきていますから、いっこうに最適解をちゃんと自ら創造できないというジレンマを抱えていますよね。

適合的な仕事観の親がいる一方で、「仕事って楽しいものだ」という価値観の親がいます。そういう人は「人生と仕事というのはすごく大事な蜜月関係にあるから、仕事を楽しむことが人生を謳歌することで、仕事を楽しむのだったら、やっぱり自分が好きなことや、やりたいことか、自分が好きな人と一緒に働いたほうがいいよね」と思っている。

そういう親は子どもに対しても「やっぱり勉強するとか学ぶというのは楽しいほうがいいし、素敵な仲間がいたほうがいい」と思っています。

だから結局、前者の仕事観を持っている人は適合OS系で、後者の仕事観を持っている人は創造OSということになります。

ワーキングスタイルは、どんどん創造の方向へ向かっている

――ということは、親世代の仕事観がチェンジしない限り、なかなか子どもに対して創造の

OSを育てるような環境は作られにくいと。

それはすごくリンクしていると思います。ただ、現状でどういう話になっているかというと、あくまでもこれは僕の見方ですけど、適合VS創造という仕事観の対立構造があって、大人同士が戦っているなと思っています。

例えば、適合の仕事観の人というのは、基本的には組織というものに対して不信を抱いている。ティール型組織とか最近ありましたけど、要するに、不信によって設計する組織と、信頼によって設計する組織がある。

やはり不信というのは上司が部下を管理・監視して働かせるような、20世紀型・ピラミッド型です。部下を休ませずに働かせて、「そうしないと、生産性が担保できないし、仕事ってそういうものでしょ」という思考の人たちです。

一方で、「いやいやいや、ワクワクしながら働くことってできますよね」とか「自分の裁量に基づいて自由に仕事を設計することって、むしろ生産性上がりますよね」という人たちがいる。もっと言うと、「複数の仕事を掛け持つとかって当たり前でしょ」という、副業とかパラレルキャリアという人たちがいる。今、この両者が結構バチバチやっていると思います。特に大企業なんかだと、副業禁止が今まで当たり前でしたが、能力が高い人ほど副業というものにチャレンジしようとしますし、独立したり、フリーランスになったりしていきます。

ただ、おおむね適合派があがいたとしても、もう勝負は決まっていると僕は思っているんです。**大人のワーキングスタイルというのは、もうどんどん創造のほうに向かっていると僕は思っていまして、**最終的に適合派に負けるのかもしれないですけど、基本的に僕は「創造派ガンバ！」という立場です。

——どこかでティッピング・ポイント［＊5］が来て、バーっとひっくり返るってことですよね。

そうですね。ひっくり返ると思います。ですから、まだわからないですけど、官僚的な物事の取り組み方とかいろいろなものがチェンジされる可能性だって全然あると思っています。

——そうですね。今、アジャイル［＊6］と教育の関係性について研究しているのですが、IT業界からひっくり返るんだろうなっていう可能性を感じています。日本でアジャイルが根づかない理由は、請負契約型社会だからとかいわれているのですが、うまくアジャイルが回っている国とか地域とかっていうのを調べてみると、幼児教育からプロジェクト・ベースド・ラーニング［＊7］であったり、探究的なことを取り入れている所が多いんですよ。そういう地域では創造OSが教育の現場でも育まれているといえそうです。

そうですよね。カリフォルニアとかに行って、幼児教育がどうなっているのか、大人たちがどう働いてるのかといったら、それはもう1本の線があります。

一方で、日本はこれまで言われたことを軍隊教育的にやって、適合力や忍耐力をつける教育をしてきたわけですから。大人になっても、働き方がだいたいそうだったわけですが、近代化・工業化のような時代であれば良かったし通用したわけですけど、これから先はアジャイル的にやっていかなかったら答えも見つけられないという話になってくるわけです。クリエイティビティを発揮していかなかったら、イノベーションを起こせないと。まだ産業構造とか労働の考え方とかというのも緩やかに進展しているので、まだまだ時間はかかると思うんですけど、それに合わせて教育も後追いで変わっていくというのは、もう必然だと思っています。ただ、教育が変わるのは本当に一番最後ですよね。

――そうですね。だから、早い人から順番に先にやっていかないと。

ＯＳがすでに創造に切り替わっている大人は、おおむねその子どもの教育環境も創造のＯＳで整えていきたいと思っているわけですから、そういう人たちはどんどん先へ先へと、自分のＯＳに合った環境を見つけてハッピーに過ごしていくということが大事だと思います。

読解力や文章力をアップさせるには「書き写し」と「要約」

――宝槻さんは高校にも塾にも行かずに京都大学に進学されたという異色の経歴を持たれていますが、自身が受験をしたとき、これは役に立ったという勉強法は何がありますか。

書き写しと要約という勉強が役に立ちました。

僕の場合、小論文試験だったからなんですけど、やはり文章を読む読解力や文章を作る文章力は書き写しと要約というトレーニングはものすごい礎となったという感覚があります。大人になって文章を書く機会が多くなって、なおさらそれがよくわかりましたね。

――書き写しは、自分が好きな文章を書き写したのですか。僕も小林秀雄をひたすら書き写したりしていましたね。

そうです。もうルールとか一切なく、ひたすら量を求めて適当に書き写しました。

それにしても小林秀雄を書き写すというのはすごいですね。小林秀雄を書き写してたら、なんとなく小林秀雄の文体が乗り移ってくるようなイメージがありますよね。

――移りますね。だから、移りすぎないように苦労しましたね。彼の文章は正確だけれど飛躍が多くて、たぶんわかりにくいですからね。

そうですよね。わかりにくくても小林秀雄の文章は一流ですから、そこから自分を見つけていくということですよね。そういう一流の文章を書き写すのはいいトレーニングだと思います。

——要約も、自分が好きな作品を要約したんですか。

要約は小論文入試対策的にやっていました。別にどういうふうにやろうと構わないと思うんですけど、要は、**1000字・2000字の文章を200文字だったり100文字だったり50文字だったりに自由自在に要約できる力というのは、読解力とか文章力とリンクしているなと思っています。**

例えば、最近僕ができるようになったのは、パンフレットのあるスペースに文章を入れたいなと思ったときに、だいたいの文字数がわかって、ちょうどぴったり真四角になるように文章を作れるんです。1文字単位で調整ができる。1、2文字はみ出ることもなく、スペースに収まるように文字が調整できる。これはおそらく要約というトレーニングで得たライティング能力なんだろうなと思います。

——期間や量はどれくらいやりましたか。

大学受験勉強としての期間は1年でしたね。でも、そのとき培った文章を読み書きするうえでの視点とか方法は、おそらく大学以降もずっと活きている気がします。自分のアイデアとか考えを文章に落とし込んで言語化するような作業は、かなりやってきたと思います。

原稿用紙で換算すれば、もう何万枚・何十万枚と文章を書いてきたと思うんですけど、言語化を大人になって楽しくできるようになったのも、大学入試のときに書き写し・要約というトレーニングを汗水垂らしてやったからなのかなとは思います。

――受験のために書き写し・要約という方法を取ろうと思ったきっかけっていうのは、なんだったんですか。

それは、うちの親父に「やれ」と言われたんです。そのとき親父から聞いたのは「いいか、書き写しというのは俺の友達の芥川賞作家が開発した勉強法でな……」と。

その親父の友だちという人は、夏目漱石の文体で夏目漱石風の小説を世に発表した人なんですけど、その人が最初にやったことが、夏目漱石の『吾輩は猫である』を全部書き写しして、全部暗唱したことなんだそうです。おそらく漱石の魂を取り入れて、憑依させて書くみたいなイメージですかね。

――僕も師匠の松岡正剛のところで、三島由紀夫や吉本ばななで文章を書くとか、憑依系はだいぶ練習させられましたね。文体編集術の極意でもあると思います。

そういうことですね。だからやっぱり、**本当の物書きというかプロフェッショナルの人たちというのは、ある程度そういう型を身につけるということを、書き写しや暗唱とい**

うスーパー詰め込み手法によって1回はやるんでしょうね。

そして、その型を手に入れてから、自分のオリジナルや色を出すために、型破りしていくというか。ですから、あのやり方はおそらく職人の世界の基本なんだろうなとは思いますね。

探究型学習と発達障害

――最後に、これは探究型という方法に携わるうえで重要なテーマのひとつになってくると思うのですが、発達障害を持っている、あるいは持っていると思われる生徒に対して、どのようなアプローチをしていますか。

そもそも発達障害だと思わないというスタンスです。 もう僕の解釈では、学校的適応型という枠組みから外れた子を、ことごとく発達障害やADHDというスタンプを押して、「君はちょっとここではうまくいかないよ」と言って、他の場所で勉強してもらうという、教育側のエゴという印象を受けますね。

確かに、発達障害系とかADHD系の子どもがいる教室というのは、やはりコントロールするのは難しい。好きなときに好きなことを言うし、「いやこういうルールでやっていこうよ」とか言ってもおそらく聞いてない。音声として耳に入っていても、理解してない。理解したとしても、身体をその理解に合わせられないとか、いろいろなことが子どものなかで起こっているからだと思います。

特に適合を型として身につけさせたい教育者からすると、やはりそうした子どもというのは面倒な存在です。でもそうした子どもに向かって公には「お前は授業妨害だから出て行け」とは言えないじゃないですか。だから公には「あなたのお子さんは障害がありまして。アスペルガー症候群です」というふうに言って、「あなたのお子さんの状況に合わせた学級があるから、そこに行って勉強したほうが、お子さんのためになりますよ」と誘導していくわけだと思うんです。

結局は僕の解釈ですと、そういう子どもたちを「排除したい」ということだと思っているんです。専門家の方からは怒られそうですけどね。でも仮に僕の子どもがそうなったら、僕はそう解釈します。

何が重要かというと、学習障害だとかＡＤＨＤだと診断されたところで、「まず、心配しないでいいですよ」ということだと思います。**「うちの子は、ちょっと適合の学び方はあんまり上手に、要領良くできないタイプなんだな」と考えればいい。**だから、うちの子の個性溢れる学び方とか思考回路というものを、尊重してくれる環境や先生というのをどうやって見つけられるか、そういうふうに考えればいいんだと思います。

――そういうご家庭は、探究型への期待が高いように思います。実際相性も良いと感じるのですが、どうですか。

そうですね。探究というのは、適合の場づくりを基本的には手放しています。もう寝転んでもいいし、「はい、先生ちょっと質問あるんですけど」「はい、どうぞ」という感じで、ものすごく自由で何を言ってもいいという場ですから。

だから、そういう子はすごく生き生きしますよね。ですから、結果として何が起こっているかというと、うちの塾や教室にはやはりそういう子どもたちがたくさん集まってきます。

「やっぱり学校はうちの子とマッチしない」「でも、うちの子にはなんかキラリと光るものはある」「だから伸ばしてあげたい」というお父さん・お母さんの気持ちはわかるんです。

でも、なかなかそういう場所とか先生が見つからないときに、「ここなら」と矢萩さんの塾とかうちの塾を見つけて門を叩いてくると思うんです。だから余計に、そういう子どもやお父さん・お母さんの気持ちは迎え入れてあげたいなと思いますよね。

過去にそういう子どもがいると、「適切なクラス運営の難易度が上がる」とか、「見学に来た人や入塾を検討している保護者から見たときに、商品やサービスとしてちょっと不安があるんじゃないか」と一時期社内でも意見が出て、そういう子どもを特別クラスみたいにして囲い込もうという動きもあったんですけど、僕は大反対しました。

——探究型のなかでもそういう価値観の違いはあるわけですね。

そのとき、「本当にわかっていないな」と思いましたけどね。だから今はそういう子どもたちも含めた状態でひとつひとつのクラスを運営しています。

結局のところ重要なことは、まずはこちらのOSをちゃんと創造に整えてから授業に臨む。それから、適切な創造のアプリケーションを発動させてクラスを率いていくということです。そしてもうひとつ重要なことが、後ろで見学している保護者の方々の理解です。「なんかちょっとガムを噛んでいる子がいますが、どうなんでしょう」とか「なんか騒ぎまくるのは、どうなんでしょうか」とか、やはり文句もくるんです。

ですが、そうした文句に対しては基本的にはスルーします。「うちはこういう学び舎なのでご理解いただければ」と納得していただくための努力が大事かなと思っています。

——そうですね、ひとりひとり個性が違うのと同様に、学校も塾も個性がありますからね。理念や方法をしっかり提示して、いい出会いを作っていきたいですね。ありがとうございました。

［＊1］デューイの提唱した「問題解決型」学習から派生した、テーマごとに仮説を作り検証していく能動的な学習を指すが、普及と共に多義化している。

［＊2］自然や作品などに触れることで生じる不思議な感覚や感動のこと。レイチェル・カーソンによる同名の著作により広まった概念。

［＊3］オペレーティングシステムのこと、コンピューター以外で使われる場合は最も基礎となるシステムや、価値観・技能を指す。

［＊4］1992年にパソコン用のOSである米マイクロソフト社の『Windows』が最初に普及した際のバージョン。

［＊5］1気圧下で0度になると水が凍り出すように、一気に状態が変わり出す条件が揃う閾値。

［＊6］「俊敏」という意味を持つシステム開発手法。顧客を含む小さなチームで走りながら調整し、短いスパンで形に残る成果を積み上げていく手法。

［＊7］問題解決型学習のこと。自ら問題を発見し、解決していくというデューイの学習理論。

中学受験を走り始めたあとで

受験をやめようかと思ったら

中学受験を途中で断念しようか悩む保護者は少なくありません。ベネッセが2012年に行った「中学受験に関する調査」によれば、中学受験をする6年生の保護者の40パーセント以上が受験をやめさせようと思ったことが何度もあるいは時々あったと回答しています。その理由としては、「受験勉強が大変だから」「子どもの成績が伸びないから」のほかに、「子どもが疲れやストレスを感じるから」「子どもらしいゆとりある生活を送れないから」「子どもがやる気にならないから」「親子関係が悪化するから」と感じている保護者が実に50パーセントを超えています。にもかかわらず、実際に中学受験を断念するご家庭はほとんどありません。

6年生の夏休みを過ぎると、焦り始める受験生や保護者からの相談を受ける機会が増えます。僕のところに特に多く寄せられる悩みは、「ようやく本気になったが、間に合うかどうか不安だ」「夏以降、成績が下がり始めてしまった」「直前に伸びる子が多いと聞いて安心していたが、成績が上がらずどうしたらいいかわからない」というものです。そもそも中学受験自体が適切な選択ではない可能性もあり、続けるかどうかを改めて熟慮判断する必要がありますが、続けるのであれば最適な方法で臨みたいところです。これらの問題に共通する原因と対策について考えてみたいと思います。

まず、この時期一番苦労するのが、「すぐに忘れてしまう」タイプの受験生です。原因はほとんどの場合、しっかり理解せずにただ暗記しているか、真剣に繰り返していないことだといえます。6年生の夏休みくらいまでは、塾に通っている場合、テストには直前に習ったことが出題されます。範囲が決まっているテストは傾向もハッキリしているので対策がしやすいのですが、しっかり理解したうえで知識が身についていなくてもある程度点数が取れてしまうという問題もあります。特に要領のいい受験生は、授業中もそつなくこなしテストもなんとなく点数が取れてしまうので、塾でも家庭でも定着していないことが見過ごされがちです。

また、今まで多くの受験生を見てきて感じるのは、本気になるのが遅い受験生がかなり多いということです。特に中学受験の場合、成長に差がある場合も多く、早生まれや家庭環境といった要因も成熟度に大きく影響します。そのため、受験を現実的に捉え、自分の弱点を認識して主体的に弱点を克服しようという心構えができるタイミングにも個人差があります。塾業界では「夏期講習が勝負だ」という声を聞きますが、その理由のひとつは「基礎的なことの繰り返しは夏期講習までで終了し、9月からは問題演習」という塾のカリキュラムの都合によるものです。その場合9月以降にようやくエンジンがかかってももう遅くて、基礎をやり直すチャンスがないまま、難しい過去問題を直前までひたすらやらされることになってしまいます。そうなればせっかくのやる気がしぼんでしまい、無力感をあおり、自己肯定感を下げてしまいます。そういう状況は今後の人生においてマイナスになりかねません。自力でポジティブに持っていける小学生はほんのわずかです。関わる大人が結果よりも経験を活かせるようにサポートしてあげたいところです。

塾や勉強方法を変えるべきか

では、このような場合どういう対策が考えられるでしょうか。まず第一に、勉強方法の見直しです。やればできるような実力に合った学習で、達成感を得られる方法に変えるべきです。具体的には思い切って5年生の内容からやり直すことをお勧めします。ほとんどの進学塾において、5年生から6年生の夏休み前までで一通りの範囲が学習できるようにカリキュラムが組まれているので、基礎からやり直すのであれば4科とも5年生の2月分からがいいと思います。

次に塾を変えるべきかどうかですが、判断基準としては本人が楽しんで行っているかどうかに尽きます。授業が楽しくて、講師や他の受験生との関係も良好ならば無理にやめる必要はありません。塾に通いながら家庭でできる対策もあります。しかし、そうでないならば塾にこだわる必要はないですし、むしろ通い続けることで自己肯定感を持てないまま実力も上がらないという悪循環に陥ってしまう可能性があります。

また「せっかく今までやってきたのだから」などと考えがちですが、最低限、本人が前向きになれないのであれば、通い続ける意味はありません。相性の悪い参考書をずるずる使い続けるのも同様で、思い切って「損切り」することは多くの学習にとって有用です。

成績が上がらないことを理由に塾を変える場合に気をつけたいのが、転塾先が短期間でも基礎からしっかりと積み上げてくれるかどうかです。実際、大手塾や集団授業の塾ではなかなか対応してもらえません。しかし、だからといって安易に個別指導や家庭教師に飛びつくのもお勧めできません。特に内容が基礎からの場合、経験の少ない大学生などが指導に当たることが多く、専門性も低くなりがちです。残り少ない時間を悔いなく過ごすためにも焦って決めてしまわず、複数の候補のなかから信頼できて相性のいい塾や講師を選ぶようにしたいところです。

受験直前に迷ったら

大学受験であれば、ある程度本人任せになっているので、たとえ直前期に悩み、選択に失敗しても、それを学びとして成長することができます。しかし、中学受験の場合、その決定権は圧倒的に保護者にあります。いくら保護者が「自分で決めなさい」と言ったって、子どもは親の顔色を窺うし、安易に変更を提言できるほどの情報も論理的な判断力も持たない場合がほとんどです。もしそれらが主体的にできる程度に成熟していれば、そもそも直前期になって悩んだりはしません。

しかし、たとえ主体的であっても、自信がない・不合格したくないという気持ちが勝ってしまい、及び腰になる受験生も少なくありません。直前期に悩んでいる受験生にはある程度共通する特徴があります。「そもそもなぜ中学受験をしようと思ったのか？」という問いに理路整然と答えられないのです。答えを持っていたとしても「制服がカワイイから」「親にやってみろと言われたから」「高校・大学受験をしたくないから」「友達が受けると言ったから」など非常に弱い、あるいは受け身の理由がほとんどです。

逆に、この時期にたとえ成績が思うように上がっていなくても、悩まずにやり切るタイプの受験生は「将来科学者になりたい」や「地元の中学には絶対に行きたくない」などポジティブであれ、ネガティブであれ、強い思いがあります。一番最初にどのような思いで始めたのか。それが明確にあれば、思い出すだけでもモチベーションをキープできます。また、受験をゴールではなくプロセスとして考えるならば、合格するという経験と同じか、それ以上に不合格の経験にも意義があります。失敗したくない・させたくないという理由で中学受験を断念してしまうことは、貴重な経験のチャンスを逃すだけでなく、逃げ癖をつけてしまいかねません。もちろん断念することが必要である場合もありますが、ある程度受験勉強を続けてきたのならば、途中でやめてしまうことで後ろめたさを残してしまうだけでなく、打たれ弱く、前向きになりにくくなってしまう可能性もあります。

大事なことは、残った時間でできる限りの努力をして、失敗してもいいから挑戦してみようと思えるように、周りの大人がサポートすることです。実際、中学受験生は入試直前まで伸びます。ひとつ覚えればひとつ分成長している。そういうテストでは見えない成長を認めてあげることで、本質的で内的なモチベーションを育てることができます。受験はプロセスであり、将来どこかで活きる経験のひとつと捉えて、長い目で見守ってあげる余裕を持ちたいところです。

受験本番に臨む

初日・2日目で「思ったより緊張してしまった」という受験生は少なくありません。生まれて初めての受験である受験生が大半です。何度も模擬テストを受けているとは言え、やはり本番とは違います。1月中に「お試し受験」をしている受験生も多いですが、やはり本当に通うつもりがある学校を受験するのとはわけが違います。もし初日の学校がうまくいかなかった場合は、そのことを十分理解したうえで、2日目以降の戦略を立てる必要があります。

保護者世代の中学受験では合否がわからないまま3日くらいまで受け続けることができましたが、現在はその日のうちに合格発表がある学校も多く、その分、合格が取れていない場合は、精神的に引きずったまま翌日の受験に臨むこともあります。受験生本人よりも、保護者のほうが動転してしまっているケースも少なくありません。2日目以降をうまく運ぶためには、どうしても親子揃って切り替えが必要です。当然のことながら、緊張しやすい受験生が実力を発揮するには慣れが必要です。ようやく慣れてくるのが3日目以降という受験生は多いものです。ですから、まだ合格が取れていないからといって、及び腰になって受験校を変えるべきかどうかは慎重な判断が必要です。

まず、志望校が複数回受験を実施している場合、複数回受験や出願による加点など優遇措置があるかどうかを確認します。その場合は、事前に学校側からの公表があります。「オフィシャルに発表はないが印象が良くなるのでは？」という声も聞きますが、一般的には、優遇措置の公表がない場合は、1回ごとの試験結果で公平に合否が判断されます。

ただし、たとえ優遇措置がなかったとしても、複数回受験のある学校では、2回目や3回目の試験の傾向がわかることがあります。しっかりテストの復習をして、できなかった問題を克服することで、次の試験で有利になります。実際に算数なら数字違いのほぼ同じ出題をする学校もあります。全く問題に歯が立たないのならば再考すべきですが、ある程度問題も解け、第一志望なのであれば、できる限り受け続けることでチャンスを広げたほうがいいでしょう。そのうえで、他に受験できる学校を探すのが得策です。「あと1回受けていれば……」という悔いを残さないことも重要です。

そもそもなぜ中学受験をしているのかを思い出す

次に、中学受験をする動機について改めて確認します。将来の夢を叶えるためや、どうしてもその学校に通いたいというポジティブな目標があるのなら、少々偏差値や倍率が高くてもチャレンジする意義があります。もしうまくいかなければ、高校受験や大学受験で巻き返せばいいので、守りに入る必要はありません。しかし、地元の公立中学にどうしても行きたくない、などネガティブな動機が強いのであれば、予定を変えてでも3日か4日で確実に合格できる学校を押さえておきたいところです。3日・4日の午後受験は、願書を受験直前まで受け付ける学校もあります。ここで合格を取っておけば、5日に難関校にチャレンジするという選択肢もできます。6日目以降に受験できる学校は極端に少ないので、このタイミングでの最適な判断が求められます。

今まで多くの受験生に関わってきましたが、動機がネガティブであるケースはかなり多く、またその場合、受験生の気持ちを保護者や塾講師がくみ取れていないことも多いです。家族だからこそ言えないこともあります。初日・2日の結果が芳しくないのであれば、改めて話し合い、主体的に選択する機会を作りたいところです。東京・神奈川の場合、泣いても笑っても1週間で決着がつくのが中学受験のいいところでもあります。もちろん体力や精神力などが尽きてしまえば元も子もないですが、多くの中学受験生は、長時間の勉強に取り組む練習をしてきているので、周囲の理解と応援があれば、しっかり乗り切ることができると思います。

マインドセットは保護者から

悩んだときに何よりも大事なのは、マインドセットです。本気になったのが遅かったなら、それをしっかりと認めて、それでも諦めずにできる限りの事をやり切って入試に臨むという経験が、合否を超えて人生の糧になります。合格という目先の価値だけに囚われがちですが、失敗するという経験も人生において重要な意味を持ちます。僕の経験では、このように自分と向き合って真剣に考えて判断をするプロセスを経た受験生は、合否に関わらず高校受験や大学受験で力を発揮することが多いです。大事なのは、やった分だけ自分がしっかりと成長していると実感することで、そのためにはそういう場と勉強方法を選択し、周囲の大人が受験勉強は合格のためだけでなくその先の人生においても有用であることを理解して接する必要があります。小学生にとって中学受験は想像以上に大きな経験になります。どんな結果も将来の糧にできるように、周囲の大人がどっしりと構えて、見守ってあげることが重要です。

第5章

「探究＝遊び」——子どもの探究心を育む方法

竹内薫（YES International School 校長）

早い時期に受験をして安定したところに入りました、というパターンが必ずしもその後の人生を良くするわけではないんじゃないかと僕は思っているんです。

PROFILE●たけうち・かおる
サイエンス作家。1960年東京生まれ。筑波大学附属高等学校卒。東京大学教養学部教養学科、理学部物理学科卒。McGill大学大学院博士課程修了、Ph.D.「YES International School」校長。

――竹内さんはサイエンス作家のイメージばかりが強かったのですが、イベント『みらいの学校』でご一緒させていただいて以来、とても本質的な教育実践をされていることを知り、いつも参考にさせていただいております。今日はよろしくお願いします。

よろしくお願いします。

――竹内さんは中学受験にどのようなイメージや意見をお持ちですか。

ちょっと早いだろうと思いますね。試験を受けて人生を決めるというひとつの選択じゃないですか。でも、中学受験の場合、本人は本当の意味で決断ができる年齢ではないので基本的に親が決めるんだろうなと思いますね。本人が決めたと思っていても、それは周りが誘導したんだと思いますので。

――小学生は成長段階に差が出る時期だと思うのですが、どんな成熟度であっても中学受験は早いと思われますか。

僕は筑波大学附属高校に行ったんです。国立大の附属だから、小学校から来ている子がいて、中学校から来ている中学外部生がいて、さらに高校から来ている高校外部生がいたんですね。それで高校のクラスのなかでは、それぞれがだいたい3分の1ずつの構成になっているんですよ。**同級生を見ていると、最後に受験をして入学してきた高校受験組が、その後社会に出てから強い印象があるんですね。**

それはどういうことかというと、筑波大附属は国立大の附属なので非常に特殊なんですね。今はいろいろな政策上の問題とかもあって、筑波大附属は競争しないという教育方針になったんですけど、昔はバンバン競争していて、要するに「東大に何人入ったか」みたいな学校だったんです。だから学校自体に高いレベルの受験システムみたいなものがまずあったわけです。そのなかで観察すると、**よりあとに受験をした人たちのほうが実は社会に出てから「しぶとい」という印象が非常に強いんですよ。**その因果関係うんぬんということを証明しようとは僕は思っていなくて、単に経験則なんですけど。だから、**早い時期に受験をして安定したところに入りました、というパターンが必ずしもその後の人生を良くするわけではないんじゃないかと僕は思っているんです。**

ただ、メリットも当然あるとは思います。例えば慶應みたいな私立に行った人を見ていると、団結心が強い。卒業して社会に出たあとも、OB・OGという意味での団結心が強かったりする。それはビジネス上、いろいろなところで役に立ったりするんだろうと思うんですよ。だから決して全否定するつもりはないんだけど、**本人のその後の伸びというのを見たときは、小さいころは遊んでいて、もうとにかく目茶苦茶にいろいろなことをやっている。それで、あるとき自分で決めて、「よし行くぜ!」と受験をしたような子のほうが社会で活躍している度合いが高いイメージはありますよね。僕は「探究=遊び」という考えなんです。**

——社会で活躍をしているというのは、個人として目立つ活動をしているということですか、それとも、組織のなかで出世しているということですか。

どちらかというと目立つほうですね。例えば自分でベンチャー企業を作って、それが実際に結構大きくなっちゃうとか。そういう自分でやっていくような力もそうなのですが、組織内の出世率とかを見ていても、やっぱり高校受験の人たちのほうが「しぶとい」イメージはあります。

ただちょっと例外があって、例えば中学から来ている人たちでも、**大学受験のときに1浪している人のほうが強いんですよ。ストレートで大学にポッと入った人たちより、1浪してちょっとそこでいったん人生を見直す経験をしたり、ちょっと苦労したような人。**しかもそれが、勉強をしていて駄目だったのではなくて、スポーツばっかりやってましたみたいなケースです。例えば、テニス部のキャプテンやっていたような人たちは、一番最後まで試合があったりして、受験勉強に突入する時期が非常に遅くなっちゃうわけです。それで浪人したような人たちを見ていると、相当強いんです。そういう人を目の当たりにすると、**浪人というのは、悪くないいんだなと思います。**もちろん人によってだと思いますが、意外な観察結果です。

——僕が受験生のころまでは、そういうふうに、「浪人は人生経験において重要である」という意見をよく聞いたのですが、最近はほとんど聞かなくなりました。受験生も保護者も現役指向がものすごく強いですね。不景気感や大学の定員割れなども関係しているかもしれません。

そうですか。僕の周りには、結構何人かそういう人がいるんです。そのときは本人たちはなんとなく浪人しちゃってるんですよ。周りからすると、「あんな最後までスポーツやって、勉強できなかったから浪人したんだよ」という見方をするわけですが、そのあと急に強くなるんですね。もしかしたら浪人することによって、ギアが入れ替わるんじゃないかと思うんです。もちろん、浪人すれば全員が全員そのように変化するとは思わないですけど。

——僕が関わっている高校生を見ていると、最近は偏差値で大学を見ている保護者ほど浪人はさせたくない傾向が強いように思います。さんざん偏差値で見ていたのに、「浪人するくらいだったら受かったところに行け」と言うんですね。偏差値だけで選ぶことと、受験をトータルコストで試算する感覚が似ているんじゃないかと感じます。

人間を比較するときに、身長だけで比較してもうまくいかないじゃないですか。それと同じで、**偏差値だけで見てもたぶんなんの意味もないですよね。**だから、どうしてそっちに行くのかなというのは、本当に常々疑問ではあるんですよ。大学受験ならまだわかりますが、**中学受験するときに数字ってあんまり関係ないと僕は思うんですよね。**

その学校がどういう教育理念を持っているのかとか、先生たちがどういう教え方をしているかとか。実際自分の子どもに体験入学をさせて、ずっと授業を見ていないとわからないじゃないですか。それを一切見ないで、どうしてどっかに書いてある数字で判定できちゃうのかという。それだったら同じように結婚相手も数字で決めたらいいじゃんと思いますね。

――そうですよね。6年間生活するって、人生に関わりますからね。それを無批判に数字で決めるのは本当におかしな話ですね。最近は当たらなくなってきましたが、いまだに合格可能性何パーセントみたいな怪しげな数字にこだわる受験生や保護者が大半です。

要するに、なんにも見てないんですよ。だから、試験自体が目的化しちゃっていると思うんですよね。それによって、行くべき学校の実態や現状についてまったく情報がないまま、あそこを受験する、ここを受験するって騒ぐんだけど。なぜなんでしょうね。

「暗記型」「パターン」学習の弊害

――竹内さん自身は、高校受験をされたときの学校選びはどのようにされたのですか。

僕の場合は、校風ですかね。筑波大附属と開成という全然違う2校を受験したのですが、事前にいろいろと調べてみると、筑波大附属は共学だし、自由なんですよ。そして学習院と対抗試合とかやっていたり、馬術部があったりするんです。古風だけど、自由な学校。

一方で開成はまったく別。男子校で、当時は少なくともビシビシ勉強やっていて、とにかく東大一直線みたいな感じでした。実際学校見学に行くと、すごく汚いんですよ。いい意味でバンカラなところもある。

そういう全然違う学校をふたつあえて受験してみたんですよ。両方合格して、いざ自分に向いているのはどっちかを考えたときに、**実際見学に行って校風を見てみるというのはすごく重要だなと思いました。あとは、卒業生がどういう人がいるかというのをいろいろと調べましたね。**時代が違うとそれほど参考にはならないんですけど、今現在こういう先生が教えているんだとか、この理科の先生なんて博士号持っているんだとか、そういう自分なりのリサーチは大事ですね。

——3年そこにいたら校風からの影響は大いにありますよね。知窓学舎にも、筑駒出身の先生と開成出身の先生と両方いるんですけれど、やっぱり個性とは別に出身校の文化の違いは感じますね。

大きいと思いますよ。筑波大附属は一切受験勉強やらせてくれないんです。これがまた、いいんですよね。**今になって考えると、筑波大附属の先生方がやっていたのは探究型の授業**

でした。そういう意味で正しかったんですよ。探究型の授業で、教科書を使う先生もいれば使わない先生もいるし。教科書を自分で書いている先生もいました。もうひどい（笑）。場合によっては、**地理の時間なのに、「これ地理じゃないよね」みたいなことを平気で教えるような授業もあって。ただ今から考えたら、頭の中に残っていて役に立っているのはそういう授業なんですよ。**ただ、当時は焦りもありました。受験は否応なしにやってきますので。

――受験生にとっては、探究型は「本当にこれやってて大丈夫なの？」となりがちですからね。

そもそも先生たちは受験しないじゃないですか。それで、やっぱりすごい不安が出てくるのも事実です。大学受験前なのに、俺たち全然関係ない授業――三民主義とかそんなものばっかり教えられていて。そんなもん全然試験に出ないわけですよ。それで友達と代々木ゼミナールに偵察に行ったことがあるんです。どうやら世の受験生たちはみんながそういうところに行っているらしいと。それで、2、3回授業に出てみたけど、結局行かなかったですね。

なんで行かなかったのかというと、そこで教えていた先生はすごく面白い教え方をしていたんですけども、教えている内容は過去問なんですよ。過去問をやること自体は別にいいんだけど、「自分たちで解かないと駄目だよな」と思ったんですね。問題出して、「みんな解けー」というふうに解くんだったらいいんだけど、そうじゃなくて、先生がいきなり解き方を教えているんですよ。

――解かせないで解説、つまり受験のノウハウだけを提供しちゃっているのが問題ということですね。

そうそう。それは違うだろうと思いましたね。例えば数学の問題は自分で考えるのが面白いのに、先生が最初から、「こういうパターンの問題はこうやって解くんだ」と言って、まず答えを教えている。それは一番面白いところがなくなっちゃっているなと気づきました。そういう暗記型の授業は、学校で先生がやっている探究の授業と対極にあって、それはやっぱり違うなと思ったので結局予備校は行かなかったですね。

例えば東大の場合、地方のエリート校から来ている人たち、それから私立御三家みたいなところから来ている人たち、あと国立大の附属の人たちがいて、そのなかでも国立大の附属の人たちはおそらく、受験勉強を学校であえて教えられなかった人たちで、自分でやるしかないみたいな環境だったわけです。そういう影響はあったかと思うんですよ。つまり、**効率のいい合格の仕方を一切教えてもらえなかった組。でも、受験では大変だったけれど、社会に出てから役立つんですよ。効率良く大学受験のためにパターンを暗記させてくれる学校に行けば、実際楽に受験はできるんですよ。だって、全部パターンを網羅して暗記しちゃ**

うんだから。場合によっては、自分が解いたことがある問題が出たりするわけでしょ。この問題あれの類題だねとわかれば解けちゃいます。でも、**それだと社会に出てからが駄目なんですよ。次は社会で成功するためのパターンを全部教えますよという人がいれば、同じようにやればいいんでしょうけれど。そんな単純なものではないじゃないですか。**

同級生を見ていると、**東大の同級生の9割ぐらいは暗記型で来ちゃっているから、会社に入ってから厳しいんですよ。**僕の同級生の多くは、みんな麻雀ばっかりやっていましたね。なんで麻雀やってるんだよみたいな。ここ勉強しに来てるんだよねと言っても、なんとなくもういいやみたいな感じで麻雀とか趣味だけやっちゃってて。それでも就活も就活のパターンで通っちゃうので、そこまではうまくいくんですけど。でも、その後、音沙汰があんまりないというのは、たぶん会社ではうまくいっていないのかなと思います。

——塾業界でもやっぱり東大生や東大出身だとすごく優遇されて入ってくるわけですよ。すごい先生を採用したから、みたいな感じで鳴り物入りで教室に送られてくるのですが、半分は確かに素晴らしい先生で、もう半分は現場では相当苦労しますね。自分の話が生徒に通じなかったときに、フリーズしちゃったり。

そうなんですよ。だから、**自分で考えずにパターンばっかり教えられて丸暗記してきた人たちは、それしかできないから。応用が利かないいんですよ。**

自分で解決しなくてはいけない生まれて初めての問題をずっとやり続けている人だったら、そんなこと絶対ないじゃないですか。むしろ、「ちょっとこの子はやりがいがある」くらいに感じると思うんだけれど。**自分のパターンに通用しなくなって駄目になっちゃう人たちも大勢いるということですよね。でも、基本そういう方たちは偏差値だけしか見てないし、それを突破することしか考えてないから。試験が自己目的化しちゃったんで、もう試験通ったあとは駄目なんですよね。**

――逆に言うと、そういう学びで、しかもそういう感じであっても東大には行けてしまうということですよね。

ありますす。うん。それは最適化されているので。一番効率のいい方法で過去問のパターンをすべて習得すれば、丸暗記しちゃえばそれは入れますよね。

受験の「いびつなシステム」はもう限界にきている

――2020年に向けた教育改革はどうなると思われますか。

駄目だと思いますよ。客観性みたいなものを試験に求めている限りは無理だと思います。全部が全部アメリカの大学がいいとは思いませんけど、アメリカの大学なんてとんでもない人でも入れるんです。本当にもう一芸しかできないような人とかが平気で入れるし、自己アピール力があるだけでも入れるかもしれない。とにかく、結構間口が広くて入れちゃう。ただ、そのあとにすごく厳しい修業が待っていて。卒業できる人がどれぐらいかというと、下手すると半分ぐらいしか卒業してないんじゃないですか。じゃあ残り半分はどこに行ったのかというと、いろいろな理由で就職したり軍隊に入っちゃったわけです。僕はそういうシステムがいいと思っているんです。**大学に入ったら勉強するわけじゃないですか。無茶振りがくるんだけどそれを根性で乗り越えていって、とにかく勉強していくぞという人が最後卒業できるわけで。そういうシステムにしてあげないと駄目なんで。**

——海外の大学は、教授との師弟関係みたいなものも日本より強いじゃないですか。僕はそれがすごく大事だなと思っていて。もともとルネサンスの大学ができたころとかって、入学希望者を入れるかどうかを教授が決めていたわけじゃないですか。うまくいかなかったりなんかやらかしたら、こいつ入れたの誰だって話になる。すいませんわたしですって教授が絶対いるんですよね。じゃあわたしがちょっと説得しますからとか、鍛え直しますからみたいな。そういった太い人間関係。わたしが入れた、この人に入れてもらったっていうような関係のなかで、残っていくのか残っていかないのか。そういう部分が、日本の受験に足りないところだと思いますね。

そうそう。そうですよね。だから、システム化しすぎるんですよ。自動化しすぎる。試験も結局、自動的に採点ができるような試験にするじゃないですか。**システムというのは、自動化した時点でもう死んじゃうので。常に人間が介入していかないと本当はいけないんですよ。**でも日本でそれをやると、なんか知らないけどすぐに「ずるい」とか言うんですよ。客観的にみんなが納得できるような基準でやるべきだと。そんなのナンセンスです。それをやってきた結果、こういう変にいびつな受験システムになっちゃったわけじゃないですか。

——団塊ジュニアの世代が大学受験生になるときに、人数が多すぎるからといってセンター試験になったわけじゃないですか。今1学年の人数が半分になって、それで改革しようとしているのに結局共通テストであることは変えない。そのこと自体を、もっと俎上に載せるべきだと思いますね。

ＡＯ入試的なものも当然増えているし、その弊害も出てきているわけでしょう。弊害が出てくるのは当たり前なので、問題はＡＯで入学してきた学生たちを、その後大学で鍛えないといけないことです。

——日本って、アドミッションオフィス［＊1］がないというか、ちゃんとしてないですよね。

ＡＯ入試だけはどんどん取り入れているのに。

本来学生はアドミッションオフィスの責任で取るべきなんですよ。だとしたら、例えば大学に寄付してくれたからという理由で入れちゃってもいいんですよ。でもいくら寄付してくれたって、その後の勉学についていけなかったらそれはもう退学しかないみたいな。そうしたら寄付だけ儲かっていいじゃないですか。だからそういう発想なんですよ、本当は。**もう一律みんなでペーパーテストやって、点数が1点足りなかったらそれで入れませんなんてナンセンスですよ。その1点で、入った人と入らない人はどれだけ違うんだよと。実際はなんにも変わらないわけです。誤差の範囲だから。そういうシステムでやっている限りは駄目だと思いますね。**なんか否定的なことばかり言ってますけれども……。

――いやいや、僕もそういうふうに思いながら中学受験業界に居続けています。

ただ中学受験にも工夫次第で大きなメリットはあると思います。例えば中高一貫校に行くと6年間あるじゃないですか。だから、どこを選ぶかというのが重要です。入学した先で、さらに受験勉強だけやるのだとしたら意味ないですよね。学校行かないでむしろ自分で受験勉強したほうが効率もいいですし。そうじゃなくて、本当にすごくいい探究型の授業をやってくれるような中高一貫校ももちろんあります。そういう学校を選べば、その6年間はすごく有益になると僕は思います。

――そうですね。中学受験でも探究型・思考力型・適性検査型の出題は増加傾向が続いていますが、探究型という言葉がちょっと氾濫しすぎているようなところはありますよね。

そうですね。探究型というのがいいぞという世界的な流れになって、いろいろな経験談からそれがいいぞという人が増えてきて。そこまではいいと思うんですけど、今度はそれでお金儲けが始まっちゃうので。

――そうなんですよね。結局アクティブラーニングのときもそうでしたよね。うちもアクティブラーニングを導入しましたという先生に、「アクティブラーニングってなんですか」と聞いたら、「発問がある授業です」みたいな。今まで発問してなかったんですかあなたたち、みたいな所というのは結構たくさんあったわけで。

新しい教育の概念が出てくると、すぐそれに飛びつく人たちがいるんだけど。要するに、**本当に子どものことを考えて先生自身が考えて工夫して理想を持って授業をやっていれば、それは当然探究型が多くなるし、アクティブラーニングが多くなるだけの話なんですよね。**形から入っていこうとするから失敗するんですよ。アクティブラーニングの定義を見て、ちょっと授業例なんかを見て、「なるほどそうやればいいんだ」と。でも、それは真似じゃないですか。結局それって、パターンを丸暗記しているのと同じです。先生が丸暗記的にやっていて、子どもがうまくいくはずがないんです。

——これから成熟してきたら必ず過渡期が訪れると思うんですけれども。思考型や探究型の入試というものが、いかに言語ゲームとして、常識がわかっているかとか、出題者はこういうことを答えてほしいんでしょ、みたいにパターン化される感じになるのか。それとももっとちゃんとアバンギャルドな感じになっていくのか。後者が少しでも出てきてくればいいなとは思うんですけれどもね。

確かにそうです。一番怖いのは、探究型の問題のパターンというものをまた整理する人が出てきて、この探究型の試験を突破するにはこういうパターンを暗記すればいいとかになったら、もうそれは何やっているかわかんなくなっちゃうので。

——もうそういうことが始まっていると思います。それでは本当に本末転倒というか。例えばAOでいうと、ICUのAO入試って、受験業界では困った存在なんですよ。どうして合格したのかわからない生徒が受かるし、落ちる理由が見当たらないような生徒が不合格になる。しかもその傾向が毎年違う。だから、割とAO対策を謳っている塾とかでも、ICUだけはどうしても対策のしようがないと。基準もわからないと。塾業界内でAO担当している人たちといろいろ話をしたりすると、共通見解として、「多様性のバランスを取っているとしか考えられない」と。

それでいいと思うんですよ。しかも基準も明かさなくていい。基準を決めてそれによってというのは、たぶんもう次の時代はうまくいかないので。**多様性のある学生を入れようとしている時点で、その方法は正しいと思いますね。** もちろん多様性で入れるからにはとんでもない奴も入ってくるんだけど、それはもうしょうがない。そういうことは大学に理念があるからできるんですよ。

スクールを立ち上げた理由――「娘に行かせたい学校が見つからなかった」

――中学受験生ではなくて小学生の学習という視点で効果的なことや、やったほうがいいこと・やらないほうがいいことは何だとお考えですか。

僕の小学校のころの友達で、ガリ勉みたいな学校ですごく勉強させられていた友達が何人かいて、すごくかわいそうでしたね。何がかわいそうかというと、小学校のときは成績抜群なんですよ、当然。だって、他の子は勉強してないのに勉強しているんだから。それで、いろいろなことを覚えさせられて、いろいろなことを知っているし。でも中学2年生ぐらいになると、勉強しているにもかかわらず、どんどん成績が落ちていくんですよ。本人もなぜそうなるかわからないし、親もなぜそうなるかわからないんだけど。

ある意味それは最初から見えていて、**遊ぶべき時期に遊んでいないじゃないですか。遊びも準備だから。将来いろいろな社会で生きていくためのものを実は遊びを通じて学んでいたりするんですよ。**それなのに遊びの部分がなくなって、勉強ばっかりやっていた。人工的なものが入ってきて、暗記ばっかりしているでしょ。いくら暗記したって、中学になって本気で勉強したいと思う子が出てきたら、その勢いと比べて必ずしも勝てないわけですよ。暗記力が人の10倍ですとかだったら別ですけど、普通はみんなそんなに変わらないから。それで、なんか準備が欠けちゃったんだろうなという子が量産されてしまう。

遊ばせないというのは、やっぱり絶対駄目だと思うんですよね。小学校のときすごく遊んでいた人のほうが、どう見てもその後ののびのびと伸びている人が多いんで。小学校のときはあんまり勉強しないほうがいいのかな。**暗記物だとか、勉強勉強という、みんなが抱いているイメージの勉強はしないほうがいい。**探究していくのはいいと思いますけど。

――受動的な詰め込みが良くないって話ですよね。

そうそう。用意されたものをとにかくどんどん受動的に覚えていく、それで試験に通るというのは良くなくて。本人が昆虫にすごい興味を持ちました。もう昆虫博士みたいになっちゃいました。どんどんそれを探究していきます。それはいいと思うんですよ。もしかしたら、それが高じて将来昆虫学者になるかもしれないですし、全然別の進路に進んでもそれは構わない。**本人の自主性で、とにかく遊ばせる。体を使って遊ぶのと、頭を使って遊ぶのは同じなので。**もちろんバランスはありますから、例えば「うちの子は顕微鏡ばっかりのぞいてて、全然運動しません。どうしましょう」というときに、それは運動はしたほうがいいとは思うけれど、無理やり運動させてもしょうがないんですすよ。そういう**子どもの自主性を、とにかく小学校の間は伸ばしてあげるのがいいのかなと思うんですけどね。**

——そうなると、問題は保護者の意識ですよね。探究型とか遊びの話とかというのを僕もよくするんですけれども、「そうか遊ばせなければいけないのか！」と遊ばせに走る保護者の方とかいるじゃないですか（笑）。**どう変えて、どう伝えたらいいかいつも悩みます。**

そうですよね。親が介入すべきとこは当然あると思うんですよ。例えば、僕自身ゲームが大好きな人間なんですけど、「とにかくもうこの小さな画面でゲームばっかりやってます」ってあまりにも偏ってきたら、それは当然弊害が出てくるから。もうちょっとバランスを取って別のこともやらせるというのは、たぶん介入すべきだと思いますよ。ただ、それが何かをやらせるということで介入するんじゃなくて。一種、あまりにもそれに集中しちゃっているとそればっかりになっちゃうから、ちょっと別のことも入れてあげようということで、それをちょっとやめなさいというような介入の仕方が僕はいいと思うんですよ。じゃなくて、これをやりなさい、この算数の勉強をしなさい、今度ここに書いたこれを勉強しなさいという、本当に与えてこれをやれというのは駄目だと思いますね。

——「他のこともやってみたら？」ということですね。その辺に何か置いておくとか。

そうそう。**バランスを取るという意味でですよ。親が見せてあげるというのが重要だから。**例えば英語に興味を持つのであれば、映画館に行って字幕で映画観てみるみたいな。そのうち子どもは英語で喋っているなみたいなのがあって、ちょっと英語に興味を持ったりするじゃないですか。そういったさりげない導入——本当に、置いておいてやる的な。ちっちゃいピアノのおもちゃを置いとくとか。でもそれで、それがすごくはまる子もいるし、全然興味を示さない子もいるんですよ。それはしょうがないんで。

——そうですよね。そんななかで、竹内さんは自らこのインターナショナルスクールを立ち上げるというところに行き着いたわけですよね。どういう思いというか、なぜ自分で学校をというところにいったんですか。

たぶんいろいろな理由づけはできると思うんですけれど、「**うちの娘に行かせたいという学校が見つからなかった」ということですね。**あと、結構危機感があって、**今の日本の公教育を僕は信頼していない。僕が不満に思っているのは、先生の多様性が失われちゃったこと。**僕たちの時代であったらば、もしかしたら普通の公立小学校に娘を入れたかもしれないんですよ。それは賭けにはなったかもしれないんだけれども、昔は、第二次世界大戦で復員してきた先生たちが大勢小中学校の先生になったんです。要するに、焼け野原のなかで、他の仕事がなくなっちゃっている状況でしたから。すごく古い話ですけども。

そうすると、いろいろな先生がいたんです。理学部生物学科出身の先生もいたし、もう今の先生とは全然違う、教員養成課程をまったく経ていない先生方。戦争を体験した人とかいろいろな人がいるじゃないですか。その多様性があったからこそ、たぶん戦後の教育っていい方向に向かったかなと僕は思っていて。

今はそういう先生がいないんですよ。基本的に、小中学校で教える先生というのは、教員養成の大学を出ていて。そこで教えられていることというのはほぼ均一化されている。**特に理数系に関しては非常に弱いと僕は見ています。で、間違ったことまで教えてます。**特に算数とか見てて苛立つんですよ。「こんな間違ったことを教えて平気なの?」みたいな。教条主義になっているんですよ、もう完全に。それで「これは無理だな」と思って。しかも英語も喋れないし。普通の小学校に入れても、6年経ってもうちの娘は英語喋るようにならない。僕は自分がバイリンガルなのに、自分の娘が英語がまったく喋れなかったらまずいなと思って。だったらそれを実現できる学校を作ったほうがいいなという。だから、この学校は実はホームスクール[*2]にお友達が来ているという学校なんですよ。

——僕が知窓学舎を作ったのもほとんど同じ理由です。小中学校の先生たちはすでに均一化していましたが、自分が中学受験したときの塾講師たちって、まだ多様だったんです。昼間は歯医者ですとか、行政書士です、実はミュージシャンです、みたいな人たちがいっぱいいました。なんらかの思いがあったり、もちろんお金のためという人もいたと思いますが、明らかに趣味でやっている人もいました。ところが15年ぐらい前から企業化した大手の学習塾で新卒採用がメインになって、そういう多様なベテランの人たちがどんどん引退したり追い出されていってしまって。大学受験以外では、学生のアルバイトか主婦のパートの方か、学生時代から塾バイトしか経験がない新卒の先生ばかりになっちゃったんですよ。そういう先生たちが進路指導をしていて、かつそれなりに影響力を持ってしまっているのが非常にいびつだなと思ったんです。

そうですよね。やっぱり**多様性が失われたら滅びるんですよ。それは生物システムもそうだし社会システムもそうだから。今の日本の教育システムが本当にまずくなっちゃった理由は、やっぱり多様性が失われたからなんでしょうね。**そうすると、**多様な子どもの才能は伸びにくくなっちゃう。才能を潰して均一化しようとするから。**自分たちが均一な集団で均一な思考をしている先生たちが、子どもたちがちょっとレールから外れてくると、それを叩いて直すわけじゃないですか。それはやっぱり良くないと思うんですよね。

それを直すためには、文部科学省が教員免除を緩和しないといけないんですけど、すごく難しいですよね。だって、既存の先生方が猛反対するでしょ。せっかく頑張って得た、自分たちだけが教えることができるという資格じゃないですか。どうしたって別に一般に開放していいですよとは言わないじゃないですか。だからそういう改革はできないと思います。

中学受験でも、例えば探究型でのびのびと6年間を過ごせるような、偏差値以外のところで理念に共鳴したという学校を見つけて、本当にそこに入れたいと思ったなら、それは頑張ってそこを目指せばいいと思います。

ただ、そういう学校ならば、簡単にペーパーテストの点数で決めないと僕は思うんです。もしそれをやっていたとしたらそれはちょっと、看板に偽りありかなと。結局そうなってくると、「中学受験は受験勉強するなよ」という話になってしまうんで。

――今年知窓学舎から1人、アクティブラーニング入試で合格した生徒がいるんですよ。ふたを開けてみたら倍率40倍だったんですよ。80人受けて、男子1人・女子1人だけ合格。先進的な試みをしている学校でも、やはりまだそれしか合格は出せない。学校側もデータがないから、その先の大学進学実績を含めて、まだまだ実験的だと思います。

結局ペーパーテストが大半を決めるような状態というのは、言い訳したいからだと思います。客観的な試験をやりました、その結果この人たちは入ってきただけです。この人たちがなんかまずいことをやったとしても、一応公明正大に試験をやっているので、という。入学させてもしうまくいかなかったら、責任問題になるじゃないですか。そのときに、「わかった、責任取るよ」と言えないと駄目なんですよ。別に責任取るというのは、なんかあったら先生が辞めるとかそういうことじゃなくて。もうちょっとちゃんと頑張ってこの子を指導しますよ、みたいな、そういう話じゃないですか。それが欠けているのかなと。

母国語がすべての学習の重要なベース

――竹内さんのインターナショナルスクールでは、「トライリンガル」を提唱されていますよね。やはり言語が学習においてベースになるとお考えですか。

そうですね。探究を続けていくために何が必要かといったときに、**人間の場合は言語だと思うんですよ。英・数・国という言語教科だけが主要教科として別枠で捉えられているのは、言語をやっておかないと、それを使った学習全般ができないからだと思います。**

――数学も言語だというふうに捉えているわけですね。

そうですね。数学が言語だという捉え方は、おそらく理科系特有で、理数系でいろいろな仕事をやっていると、結局そこで使われている言語は「数学だ」と気づくわけです。もちろんニュートンとかもすでに数学は言語だと気づいていたわけですけど。

日常言語については、まず考える言語は母国語ですよね。だから**日本語は絶対押さえておかなければいけません。**英語に関しては本当は特に理由はなくて、もし今世界中でスペイン語が使われていたら、スペイン語をやったほうがいい。現状で一番支配的な言語が歴史的に英語になっちゃっているので、第二言語としてやったほうがいいだろうということですね。

——それぞれの力をつけるために、お薦めの方法はありますか。

ひとつは、**コミュニケーションを取るということ。**もうひとつは、**それで考えることですよね。**考えるというのは意外と難しくて。例えば数学言語で考えるってどういうことか捉えにくいんですね。例えば物理学とかやっている人たちは、いろいろな議論をするときに、黒板やホワイトボードとかに数式をバーッて書くじゃないですか。あれは会話しているんですよね。あれなんですよ。あれができるかという話。

——プラトンがアカデメイアに入る条件として幾何学で考えられるかどうかを問うたのと近いですよね。

非常に近いと思いますよ。そういう共通言語を持っている同士で話をする。それは英語のディスカッションと同じだし、日本人同士が議論しているのと同じです。数学というのは、数字でも数でもなくなった、数を抽象化した上にある上位概念なんです。それを方程式であったり、いろいろな記号を使ってやるじゃないですか。

例えば無限とか極限とか、そういういろいろな概念を駆使しながら、概念同士のやり取りをするみたいなイメージですね。それってたぶん、英語・日本語・数学の3つに共通していると思うんですよ。それらを使って自由に会話ができるようにする。ただし、根本で考えているのは、やっぱり母国語なんでしょうね。ちょっと変ですけど数学の場合であっても、根本的な、何かロジックなり判断なりをするときは、母国語が影響していると思います。

――つまり考えることのベースには言語があって、さらにそれらがベースになっているのが母国語ということですね。

やっぱり母国語なんですよね。**最初に入ってきた言語というのは、常に最後まで残るんだと僕は思っているんです。それをないがしろにして他の言語をやっちゃうと困ったことになると思います。**数学の場合はちょっと特殊ですけれど。

――僕も20年以上受験指導をしてきて、結局行き着いた先は母国語です。国語の場合、純粋に母国語の構造や論理、言葉の意味だけでなく常識や文化のコード、政府の思惑なんかも入ってくるので、なかなかその重要性が伝わらないんですよね。必要な生徒ほど伝わりにくいというか。正確に言うと、必要な生徒の保護者に伝わりにくいんです。

保護者はなんとなく、**「自分たちはもう国語ができている」と思っているし、「自分の子どもも国語ができている。日本人なんだから日本語は喋れる」と思っているんですよ。でも、それは大間違いで、ちゃんと日本語が喋れる日本人というのは本当に少ない。**国語ができるという意味は、きちっと日本語を使って論理的に考えられて、同時に情緒的にも感じることができること。これを両面ちゃんとうまく使えて、例えば著者が言っていることが理解できる、友達の言っていることが理解できる。逆に自分からも発信できて、相手に納得してもらえる、あるいは誤解を解くことができるとか。そういう能力というのは実はすごく高度なものだから、意外とできていないんですよね。

僕がいつもイラつくのは、ハンバーガー屋さんとかに行って注文したときに、なんかちょっと違うことを言うと一瞬店員さんがフッと止まって同じことをまた繰り返すんですね。「違う、それはもう聞いたから、そうじゃなくて別の質問をしてるんだよ！」と言っても、結局マニュアルでしか動けなくなっちゃっている。マニュアルにないことは考えられないんですよ。日本語で返ってくるのに、その日本語は考えられていない日本語だからそれは意味がない。そういう意味でいうと、実は考えられる人というのはそんなに多くない。

――そうか。意味がある言語として成立するためには、外側と内側必要だということなんですね。そういった国語力をつけるためにどんな方法や環境が効果的だと思われますか。

やっぱりなんだかんだいって、**ディスカッションだと思いますよ。あとプレゼンテーションも効果が大きい。**自分はこれで通じると思ったのにみんなが理解してくれないとしたら、それは何かが欠けているわけじゃないですか。そうやって学んでいくんだと思うんですよ。そのうち、相手がどう捉えるかという視点を持って発信ができるようになる。その能力がとても重要です。

自分が一方的に発信してもしょうがないんですよ。でもそのレベルの人がすごく多い。そうじゃなくて、相手がどう捉えるかということを考えたうえで発信するという言語感覚とでもいうんですかね。それができないと駄目なんじゃないかと思います。

――ちゃんと相手の思考や価値観、モードやスタイルを想定して言語モデルを交換しなければ、伝わらないということですね。

そうですね。要するに、通じない人には通じないからそれはしょうがないんだけど。Twitterとかをやっていて、僕もいろいろな人が絡んできたりしたときに、ちゃんと返信をする人と返信しない人がいるんですけれど、それは国語力で判断しているんです。この人の頭の中には、こちらが何か返信しても返ってくるべき構造がないと思ったらそれは無視します。時間の無駄なので。そうじゃなくて、この人の頭の中には構造がある。だから、これはこちらが違う切り口で説明をすると、おそらくこの人はちゃんと理解して自分の意見でまた返してくるだろうと思えば返信します。それは別に反対意見でもいいんですよ。ちゃんとその切り口で、論理的に反論してくるなら僕は腹が立たないので。

——つまりそこには意味があるということですよね。

そう、意味があるということですよ。腹が立つのは、理解できていない状況でいきなり反論だけしてくる人とか結構いるのですが、それは意味がない。そこの区別はすごく大きいですね。それは言語を通して相手の中身を見ているわけじゃないですか。言語のキャッチボールって、そういう部分が必要だと思います。それが見えて、そのうえで戦略的に言葉を繰り出せるというのが能力でしょう。**そのための訓練にはどうしてもディスカッションが必要だし、プレゼンテーションも必要です。**

「英語だけ喋るバカ」になってはいけない

——欧米の小学校とか中学校の教育には、必ず組み込まれていますよね。なぜ日本では根付かないのでしょうか。

先生ができないいんじゃないですか、たぶん。プレゼンテーションとかディスカッションが得意な先生の授業だったらうまくいくと思うんですけど、結局先生本人ができないことは、なかなか子どもにも教えられないですよね。先生自体が実はディスカッションやプレゼンテーションに強い苦手意識を持っていて、それが子どもに伝わっちゃうんじゃないですかね。

——大学生だとかを見ていても、先生を目指しているような人ほどプレゼンテーションが苦手な傾向がある気がします。「この人、本当に先生になってほしい」「先生に向いているな」と思う人は絶対に先生にならないですね。魅力的でないということなんですかね。

ならないですね。それは確かに問題ですよね。本当は逆じゃないといけないんですけど。学校の先生の給料が安すぎると僕は思います。もっと給料を上げないと。もちろん、お金だけじゃないですよ。お金だけじゃないんだけど、平均して有能な人材が集まる職場というのはやっぱり給料が高いんですよ。だからなんらかの方法でもっと待遇を変えていかないと。じゃあどうすればいいのかというのは問題ですけど。

——僕は公教育に関しては、学校の先生の給料を上げるのが難しければ、学校の先生の副業を認めたらいいんじゃないかと思うんですよ。そしたら相乗効果がかなり上がるんじゃないかなと。まずは民間からと思って僕はパラレルキャリアでやっているんですけれども。

そうですよね。もっと時間を与えてあげて、他のことやってもいいですよというのはいいと思います。週末プログラマーやってますみたいなね。そういうなんらかの方策を打たないと、今のままでは先生の質を担保できないと思うんで。例えば、世の中には国語を教えられる人はたくさんいるんですよ。ただ、そういう人たちが先生になっていないということですよね。

——国語に関しては、現場の先生たちからお悩みを聞くこともあります。先生たちの国語力を上げるためにはどうしたらいいでしょうか。

難しいと思います。**僕は先生たちの英語力を上げることもできないと思うし、プログラミング能力を上げることもできないと思っているので。**もしそれができていれば、ここまで来てないですよね。もう今の時点でできるようになっていますよ、それは。だから、英語もそうですけど、プログラミング教育もうまくいかないだろうと僕が思っている理由はそこですね。先生にこれからプログラミングを教えて、そんなに簡単にできるぐらいだったら、その人はもうプログラマーやっているんで。

——例えば、先生たちも国語力があれば、プログラミングや数学や英語も可能性があると思われますか。

それは圧倒的でしょうね。思考の枠組みは頭の中にあるわけじゃないですか。思考言語がしっかりしているということは、それを例えば人工的な言語である数学にちょっと

変換をして表現する。あるいは、また同じように英語という構造にそれを移すだけのことなので。でも根幹のところで考えられなかったら、方程式もどの方程式を書いていいかわからないじゃないですか。方程式というのはたくさんあるわけで、じっくり思考言語で考えたうえでどういうツールを使うかということですから。

数学と英語に関しては、日本人にとってはツールですよ。でも、ツールを使うときにはそもどう使うかを決定しなければなりません。その中枢は思考言語で考えて判断しているはずなので、それがないとやっぱり駄目でしょうね。

例えばインターナショナルスクールに行っていたので英語はペラペラですというのはよくある話ですが、それでいざ会社に入ると仕事が全然できないという人が大勢いるんです。僕は外資系企業に勤めている友達が多いのですが、本当によく聞きます。**「英語だけ喋るバカ」と。英語はペラペラ喋るんだけど、とにかく中身がない。それじゃあ意味がないわけです。どうしてそうなったかというと、そもそも国語ができないからなんです。思考言語がない。**思考言語がグズグズだから、それを英語に変換したら、ペラペラ喋るんだけど空疎な言葉の羅列になっちゃってて。よくよく聞いてみると何も言っていなかったりするんです。なんの解決にもなってないし。そうなったら困りますし、一番かわいそうです。

――今ふと思い出したのが、僕はジャーナリストとしてパラリンピックに派遣されていたんですけれども、初めてミックスゾーンで取材したときに、ものすごい数の日本人記者がずらっとメディアごとに並んでいるんです、それで順番にみんな同じことを聞くわけです。これはヨーロッパではあり得ない。代表者が簡潔に聞いてシェアしますから。で、こんなに熱心に日本の記者たちは何を聞いているんだろうと興味を持ったオランダの記者が、全部録音して本社に送って、翻訳して戻ってきたのを聞いてびっくりしたと。「なんて日本人は意味のないことしか喋っていないんだ!」と、なぜか日本を代表して僕が怒られたことがあって（笑）。これは日本語の話ですけれど、でもまさにそうだなという。

そうですよ。なんか機関銃みたいに喋っているとすごいことを喋っているように聞こえるし、賢く聞こえるんだけど、ちゃんと分析してみると中身がまったくないというのが一番困るんですよ。ヨーロッパの人たちというのは、いろいろな言語を喋るといいますけど、結局母国語で考えて喋っています。

例えばドイツの人が英語で話したりするんだけど、ちゃんと中身のあることを喋っている。でもすごいドイツなまり。フランス人が英語喋るとすごいフランス語なまり。だけどちゃんと議論しているんですよ。だから、日産のゴーンさんが英語で喋ってみんなに命令してますけど、あれはフランス語で考えているはずですよ。でもそれが瞬時に英語で出てきている。

――そうですね。一番必要な根幹になる母国語に関して、たぶん学校の現場だと一番どうやって教えていいのかみんながわかっていない状況ですよね。教え子の小学生がよく学校のテストの採点が納得いかないといって持ってくるのですが、基本的に合っているのにバツにされているんですよね。たぶん模範解答とは違うのだと思いますが。特に小学校は国語ができていない先生がすごく多いと思います。文系が多いはずなんですけれどね。

国語ができない先生は多いですよね。たぶん入試問題ばかりやっていたんじゃないかな。入試問題にも問題があると思いますよ。

例えば僕は作家なので自分が書いたものが試験問題に採用されるときがあるんです。あとから、使いましたとか言ってそれを送ってくるんですよ。いつもそれを眺めていると、自分で解けないんですよ（笑）。「いや、これ答えがないよね」みたいな。「この選択肢は近いけど、でも違うし」みたいな。「そんなことを言いたいんじゃないんだよなあ」というのがあって。

でもなんとなく解法のパターンは決まっていて、たぶん答えはこれなんだろうなと思うんだけど、「それは俺の言いたいことじゃないし」というのは結構多いです。著者が別に言いたくもないことを、でも著者はこれを言おうとしているという、正解がひとつあるというのはおかしな話でしょ。

――よく作家さんから聞く話ですね。当事者になってはじめてわかる違和感ですよね（笑）。そもそも「筆者が」と書かなきゃいいんですよ。「問題作成者が、筆者はこう考えているであろ

うと推察していることを答えなさい」というふうに書いてくれれば、誠意も感じます。
それなら、まあしょうがないなと思えますよね。いったいどうして、「筆者は」なんて書けちゃうのかなと思いますよね。しかも、僕に送られてきた時点ではもう試験は終わっているというね。だから、国語力というのも試験の国語力じゃないんですよ、実は。生きた日本語でないと。

応答の放棄——それは子どもの探究心を摘み取った瞬間

——例えば、学校でそういう教育が期待できない場合、ご家庭でできることはなんでしょうか。

頻繁にちゃんと子どもと会話をするというのが重要ですね。子どもにいろいろな問いかけをする。場合によってはちょっと意地悪な質問をしてみたり。そうすると子どもはそれに気づくじゃないですか。「なんか変なこと言っているな」と。わざとふざけたことを言ってみたりしたときに、子どもがちゃんとそれに気づくかとか。そういうやり取りが重要じゃないですか。

家庭内というのは、やっぱり言語を育む場なんで。

——中学受験ですら、塾に丸投げする保護者も多いんですよ。「自分たちではできないから塾にお願いしているんです」みたいになりがちで。例えば、中学受験塾であっても4年生くらいまではすごく子どもらしくって、「なに？　なぜ？　どうして？」がたくさんあるんです。それを全部避けるというかスルーするというか、すり抜けるんですよね。「そんなこと言ってないでやるべきことをやりなさい」みたいなことをみんな言っちゃう。これは講師も同じですけど。すごいチャンスじゃないですか。**子どもが「なぜ？」と聞いてきたらチャンスでしょう。そこで、じゃあ一緒に調べてみようかと言うだけで全然違うじゃないですか。「なぜ？」と聞いてきたら、子どもが今から伸びようとしているというサインじゃないですか。**「それを潰してどうすんだよ！」という話ですよね。

——さっきの、対話の構造とかモデルの話もそうなんですけど、例えば、「空はなんで青いの？」と言う子がいたときに、結構そういうお父さんやお母さんって、自分がよくわからないから、答えられないから逃げるとかそういうパターンが多いんですね。別に科学的に正確に説明する必要はなくて、本当にその子と対話しようと思ったら、「いやでも夕焼けは赤いよね」みたいな返答があり得るわけじゃないですか。「確かに青くないときがあるな」と、そこで何か意味が交換されていくというか。

そうやって**自分で考えてみる・調べてみる。で、自分なりの結論が出せるかどうかわからないけどやってみるというのが重要なわけで。それで仮説を立てるわけじゃないですか。結果的には調べてみたら違ったとしても、その考えるプロセスが重要なわけで。**そ れがなぜできないのかというのがね。

空がなぜ青いかというのは、実はめっちゃくちゃ難しい問題で。いろいろなレベルの答えがあるとは思うんですよ。調べていくと、例えば「レイリー散乱」とか出てくるわけですよ。じゃあ「レイリー散乱ってなんですか？」という質問をしたら、物理学科出ている人だって、それは答えられないんですよ、そんな簡単には。「なぜ、その特定な波長が散乱されるんですか？」とか聞いていったら、なかなか難しいですよ。例えば、明るい光が入ってくるときと青い光が入ってくるときがあると、光の経路とか図とか書いてみて自分なりに考えてみる。空気の層があんまり厚くないんだ、横から来る夕焼けのときは厚いんだとかあるじゃないですか。それを自分で納得できるかがまず重要なんですよ。納得できないときは絶対諦めては駄目です。それはずっと取っておくんですよ。その場ではわからない。あるとき、もしかしたら大学で物理学科に行って、計算をして方程式をみんな書けるようになったときに初めてわかるかもしれないし。でもそれまでも、ある程度の自分なりの説明は持っていていいわけじゃないですか。まさにその、「赤いときもあるなー」でいいんですよ。それが考えるという話ですから。

——そういう応答があると、引っ掛かったものを覚えているようになると思うんですよね。スルーされすぎると引っ掛からなくなっちゃうんですよ、全部。もう「なぜ？」と思うのがストレスになるから、思わなくなってしまうんでしょうね。大手塾でそれをすごくたくさん僕は見てきたので。

応答の放棄。それは、子どもの探究心を摘み取った瞬間ですよ。塾の先生もそうだと思うし、親もやっぱり面倒くさいと思うんでしょうね。もちろん、その一回一回の「なぜ？」全部にはさすがに対応できないときもあるでしょうけど、**なるべくうまく対応してあげるだけで子どもの探究心はどんどん伸びるんですけどね。**

——かつて中学受験をするご家庭はいろいろな意味で余裕があったんですね。例えばお母さんやお婆ちゃんとはよく話す、読み聞かせをたくさんしているとか。そういった環境があったんですけども、最近は中学受験をする層もすごく広くなって、中学受験させるなら共働きをするのは当然、という価値観まで出てきました。だから子どもはもう全部塾に任せるしかないという、悪循環してしまう構造的な問題があるんですよね。

どんな理由があるにせよ、**丸投げはやっぱり駄目ですよ。「ホームスクーラー」という概念が世界中にも広がっているというのは、「丸投げやめようぜ！」という話ですから。**丸投げやめてうちでやろうねと。でも全部うちでやるのもちょっと限界があるから、ホームスクールのカリキュラムは借りてきて、それを一応参考にしてとか。そういうことでいいと思うんですよ。

ただ、やっぱり本当に丸投げ思考の人が多いです。なんか「どっか学校にとにかく入れとけ。そうしたらすべてうまくいく」というような。そんなうまい話はないですよ。

——結局塾だけじゃなくて、たぶん私立の一貫校に入れたいというのも丸投げに近いですよね。

丸投げですよ。なんかそこに入れたらあとは放っときゃいいと思っているのだけど、そもそも放っておいちゃ駄目なんですよ。常に自分が関与していかないと。

——さらに丸投げ感が最近加速してきたと感じるのは、今大学附属の中高一貫校にどんどん人気が集まっているんですよ。もう完全なる丸投げじゃないですか、大学卒業するまで。

それも、結局今大学は、少子化で経営がみんな危なくなっちゃっている。それで、囲い込みを始めている。いいところに気づいたわけですよね。丸投げしたいとみんな思っているんだから、じゃあうちに丸投げしてもらおうというわけです。

もし、そんな学校で10年間過ごしたら、どうなりますかね。丸投げは、どんな結果になってもおかしくないですよ。よくそれで平気だなと思いますけどね。

なんだろうな。子どもの学費を出すために働いて結果的に丸投げにするぐらいだったら、働くのをやめて自分で教えたほうがいいかもしれない。もちろん、両親が働くのをやめたら生活できないけど。そこは仕事減らして、その分子どもに教育したほうがむしろいいんじゃないですかね。

――そうですよね。両親とも正社員とかで働いているんだったら別ですけれども。塾に行かせるためにパートをしているようなパターンなら、働いていた分が全部塾代になっていたりするじゃないですか。

だったら自分で教えてホームスクーラーになったほうがいいと思うんですけどね。でもホームスクーラーになるのも、探究心がないとできない。親が探究できなければ、それもできないんですよ。ホームスクーラーにもなれない。そのときにホームスクーラーになるためのパターンがないから、またそれを探し始めたら意味がなくなっちゃうから。

――そうすると結局探究も丸投げになっちゃいますもんね。

そうそう。なんて言ったらいいのかな。僕いつも、「人工知能時代を生き抜くための方法」みたいなことを講演するんですけど、いつも言うのは、**「そんな方法はないということを知る、まずそこから始めるんですよ」ということなんです。**

つまり、「こういうパターンをやっておけば、人工知能時代を生き残れるというパターンはありません」と。「どうなるか誰にもわかりません。わからないから自分でやるしかないんですよ。だから自分で探究を続けるんですよ」と。**探究が続けられれば絶対とは言いませんけど、「ほ**

ぼ平気ですよ」といつも言うんです。そうすると聴衆の方が結構「んー……」という感じなんですよ。だから、「それをあなたが探すことができたら、あなたは生き残れます」という話なんですよ。

――そうですよね。今教育業界でも、「うちに来たら人工知能時代を生き抜けます」みたいなコピーで、すごくいろいろな保護者がカモになっているようなところもあります。そういう人工知能とか界隈の人を顧問とかにつけて、ほんのちょっとだけそれっぽいことをやって。

生き抜く方法がわかったら苦労しないですよ。未来はこうなるって確実にわかっていたら、それはそれに合わせてできるでしょう。でも株価と同じで、必ず上がるかどうかなんてわからないじゃないですか。ものすごく変動するから。

――不確実性というものに対する理解ってまだ全然ないですよね。それを言い出したらきりがないって、怒り出す人とかいるじゃないですか。

そうそう。すごく不確実性を嫌いますよね。でもたぶん人生というのは不確実じゃないですか。それはわかっておいたほうがいいと思いますよね。映画の『バック・トゥ・ザ・フューチャー』みたいに、先にわかっていて、ギャンブルで全部賭けてお金儲けたりは、実際はできないですから。

「客観的な評価基準」を捨てよ——

——探究型は学校ではなかなか難しいとして、民間教育における探究型はどうなっていくと思いますか。

生き残っていくと思いますよ。それはやっぱり自己防衛なので。親の自己防衛だから。要するに、丸投げして何も考えられていないシステムに子どもを入れちゃったらもう駄目だなと思っている、気づいている親御さんが少しいる。その方たちは工夫していくんじゃないですか。それはそういう探究をやっている民間の学校や塾を探し当てて行くか、自らが探究をしてホームスクーラーになるか。いろいろな方法はあるとは思いますけど。だから、時代の変化を感じている親御さんがいれば、それは残っていくんでしょうね。

——例えば、目立つ感じで成功している人が、実は受験ではなくてすごく遊んでいたというのは保護者にとっては、いい判断材料になるじゃないですか。そういうものをもっとデータ化して発信することについてどう思われますか。

その辺は難しいなと思うのは、今はまだ僕の個人的な経験データなんですよ。まさに数値化できないでしょう。そこがすごく定性的なものですから。じゃあ僕の周りにいるすごく成功している人々っていったときに、「それはどういう基準なんですか」と。「Aさんは成功しているんですけど、Bさんはどうなんですか」とやっていったときに、でもそれが一種分析の結果なんですよね。

——客観という幻想をいったん切り離して、主観としてのデータを主観で判断できるかどうかが鍵ですよね。僕もジャーナリストを始めたときに、一番向き合わなきゃいけなかったのがそこでした。僕は、客観なんてものはないというのは、哲学ではもうとっくに片づいている話だというスタンスだったんですけれども、様々なメディア関係の方々から、主観的すぎるとか客観性がないとか目茶苦茶言われました。例えば写真家として活動してても、被写体がこっちを向いて笑顔なんてあり得ないというところから始まって。せめて客観的主観と主観的主観という2種類の主観があるというような考え方だったらいいんだけれども。ジャーナリズムのど真ん中で活躍している人たちが、客観というものがあるというふうに信じていて、そっちが正義だと思っちゃっているのはすごく怖かったですし、そういう人たちに対してどうしたらいいかわからなかったですね。

みんな幻想なんですよ。客観というものがなんか存在するという幻想をまず抱いているし、今仰ったとおり哲学的にはもう古いんで。１００年以上遅れていると思うんですよ。

——そうですよね。例えばEUは哲学部がなかったら総合大学として認められないじゃないですか。一方で日本で哲学やりたいなんて言ったら、家族からも同級生からも「哲学なんかで飯が食えるか」となるわけです。僕がそうだったのですが（笑）。義務教育のなかでも高等教育のなかでも、ほとんど哲学というものをやらない。まあ、経済もやらないですけれども。そういったところの影響がすごく出ちゃっていると感じますね。

そうですよね。僕は主観・客観の話というのは物理学を見ているとすごくよくわかるなと思うんです。アインシュタインの相対性理論の以前と以後で、やっぱり全部変わっちゃったんですよ。それまでは物理学の世界も、ニュートン力学にせよマクスウェル方程式にせよ、客観的な観測事実みたいなのがあると思っていたんですよね。でも、アインシュタインが出てきたときに、それがガラッと変わっちゃって。客観的な観察事実というものは物理の中心ではなくなってしまった。

——観測者によって現象が変わってしまうということですよね。主観が客観を越えてきた。

そう、観測者によって変わってくるんですよ。あるいは、移動している状態によって違うんです。自分に対して相手が縮んでるんですよみたいな話になっちゃうわけですよ。じゃあ「客観的に縮んでんの？」という話になるんだけどそうじゃなくて、相手から見たらこっちが縮んでるように見えている。そんな話になるんですよ。

そうすると、観測者から見た観測結果という、そういう関係性の話になっちゃっていて。もうポツンと点みたいな客観というのはなくなっちゃったわけですよ。そしたら今度は量子力学も出てきたらまたそこで同じようなことが起きちゃった。観測すると相手の状態が変わっちゃいますよ、みたいな。それどうするんだよという。客観的事実があって、それを観測していたデータだったはずなのに、観測することによって相手がどっか飛んでいきましたみたいな話になっちゃうから。もういないよという話になっちゃうでしょ。

そこで常に、やっぱりそこはもう、観測者と観測されるものとの関係性しかなくなっちゃっていて。そうなってくると、そこにあるのは主観だけなんですよ。ただし、そこはお互いがバラバラじゃないから。一応ルールがあって翻訳はできるので、相手がどう考えているかはわかるから、「共同主観」と呼ぶじゃないですか。

——鍵と鍵穴みたいな感じですよね。

まさにそうなんです。それが両方必要というふうにもう世界が変わったので。例えばその哲学の世界で昔からいろいろな人が考えていた、「客観って本当にあるの?」みたいな話と、アインシュタインと量子力学みたいな物理学の話が融合したというか。「自然界もそうなっていましたね」みたいな。だから客観というのはないわけですよ。なのに、依然としてマスコミとかの人たちは、1905年のアインシュタイン以前の客観的な事実があるみたいなことで話をしているから、「100年以上遅れている」という話ですよね。

――日本はまだそういう環境にあるから、教育者も保護者もそういう感覚になっているんだろうと思うんですよね。

そう。**客観的な評価基準があるとか言うんだけど、実際はないんですよ。**もしそれでも基準が必要なら、共同主観的な評価基準でいいんだと思います。それについては、お互い違うことを言っているし、全然評価基準も違うんだけど、一応何を言っているか話し合いで理解できるじゃないですか。それが重要なわけですよね。もしまったく理解できないと、たぶん裏口入学の話だと思ってしまう。ちゃんと話を聞けば説明ができますよ、でもそれを開示する必要もありませんよという。なんか非常に難しい話ですよね。

――難しいですが、今の流れを見ていると、そういう話をすれば一定数は「確かにそうだ」という感じになると思うんですね。たぶん10年前だったらそうはならなかったと思うんですよ。そういう感覚を持っている保護者から、まずは何かが変わっていくというところを期待する感じですよね。

そうですね。**従来の基準に疑問を持つ保護者が増えていくということが必要ですかね。**確かに社会が変わってきてはいると思うんですよ。あまり、お隣の国が独裁国家でみんなで同じことやっているとか悪口言っていられないですよ。精神状況だけを見ている限りは、あんまり変わらないかもしれないですよね。

――そうですね。ジャーナリズムはまさにそうですよ。日本の記者クラブとかは象徴的ですね。

そうそう。大変な状況ですよ。記者クラブに対していろいろな疑問を呈する人がいると、みんなでそれを潰そうとするじゃないですか。ただ自分たちの既得権益を守ろうとするから。情報の公開度からいっても、大変な国だと思いますよ、日本は。

――既得権益とか言い出したら、大学受験も大きくは変わらないんだろうなって感じですもんね。

本当にそうですよね。でも確実に変わってきているんじゃないですかね。少しずつ。

――それぞれの主観で、地道に、現場から変えていく人が増えていくことを期待しつつ、僕も活動を継続していきたいと思います。ありがとうございました。

［＊1］主に大学において、その学校が求める学生の募集や独自の選抜を行う入学事務局。日本のＡＯ入試に関しては十分に機能しているとは言えない。
［＊2］学校ではなく家庭を拠点とするオルタナティブ教育の形態のひとつ。より探究的なアンスクーリングなど形態も多様。

おわりに

どうせやるならポジティブに。笑って中学受験。それが僕の理想の中学受験の在り方です。高校受験や大学受験であれば、ある程度困難や不条理を乗り越える必要もあると思いますし、挫折する経験も人生全体で見ればプラスに働くと思います。しかし、まだ思春期前の小学生に画一的に、同じ経験で同じ結果を求めるのは少し違う気がします。

かつて寺山修司は著書『猫の航海日誌』のなかで、「子供は子供として完成しているのであって、大人の模型ではない。毛虫と蝶々が同じものであるわけないんで、毛虫は毛虫として完成しており、蝶々は蝶々として完成してると思う。」と書きました。長年小学生と時間を過ごしていると、同じ人間であると感じると同時に、種類が違うと感じることもしばしばです。それは決して大人のほうが優れているという意味ではありません。人間はサナギになりませんから、その変容はグラデーションがあり境界線は見えませんが、確実に〝違い〟があります。しかし、だからといって大人と子どもを区別すればいいというものでもありません。僕自身、自分が小学生のとき、子どもを子ども扱いする大人が大嫌いでした。団塊ジュニア世代に人気を博した工作番組『できるかな』の「ノッポさん」こと高見映さんは決して子どものことを子ども扱いせず「小さい人」と呼んでいたといいます。違いを認めつつ、相手をリスペクトする姿勢。それこそが、教育現場で求められる姿勢なのではないかと感じています。当然ですが、それは中学受験をするかしないかなど関係ありません。

この本は、たくさんの矛盾を孕んでいます。共感できることも、違和感を覚えることもあったと思います。全員の意見が重なることも、まったく相容れない部分もあります。しかし、中学受験の多面性を捉えようとすれば、その矛盾に向き合うことこそがリアルで、自分や家族とどう折り合いをつけるのか、葛藤して精査して何かを捨てて何かを選ぶ、そういう過程が本質的な学びに繋がると思っています。

「せっかくやる気になっているんだから、不安をあおるようなことを言わないでください」

いろいろな可能性を提示すると、必ずそういう意見を持つ保護者や教育関係者がいます。しかし、ちょっと立ち止まって考えてほしいんです。不安要素を隠さなければ揺らいでしまうような決意で中学受験をすること、志望校を選ぶこと自体が何かおかしいわけです。しっかり不安材料を認識し、精査したうえで判断すること。それこそが主体性といえます。中学受験において100パーセントおいしい話などありません。合格を目指すならば、必ず何らかのトレードオフが必要になります。誰かの意見でコロコロ変わるような状態では、同じように誰かの価値観でコントロールされてしまいます。

僕自身は、こと教育に関しては現場に立っている人間がジャーナリストであったほうがいいとの考えから、「実践教育ジャーナリスト」として活動しています。というのも、もちろん外側の人間が批評的に論じることに意味があるのは当然ですが、Journalという言葉の語源は「日常」であり、業界の当たり前のことを自分事として語ることにもまた意義があると考えているからです。

教育業界は、本音と建前がかなり乖離している業界のひとつだといえます。そもそも本質的な学びは、近代的な産業構造とは無縁のものです。構造化や組織化に向いているものではありません。ですからどうしてもあとづけの建前を用意しなければ、瓦解します。それも理由のひとつだと思いますが、ジャーナリストを嫌う教育関係者はことのほか多くいます。もし取材を受けても、やっぱり猫を被りますし、建前で話しがちです。その点、僕は同業者でもありますから、仲間として本音を語ってくれることも多々あります。そこにこの本の意義があります。

繰り返しになりますが、保護者の皆様には、まず違和感と向き合ってほしいんです。そして、それを越える確固たる理由やアイデアを見つけたときに、初めて中学受験という選択肢が、現実味を帯びてくるはずなんです。そこまできたら、本人の意志はどうなのか、情報をシェアして、反応を見て、よくよく話し合ってほしい。自分ひとりで選択するのでも、させるのでもなく、チームとしてフラットに議論して決定してほしい。そのチームには本人と保護者だけでなく、いろいろな人が関わってほしい。人生において意義のある中学受験は、そういうプロジェクト・ベースド・ラーニングなのだと思います。しっかりと生徒と時代に向き合っている学校や塾もまた、そうやって変わり始めています。

最後に、この本を作るにあたり、師匠である編集工学研究所の松岡正剛先生、場の研究所の清水博先生の思想や方法に、多大なる影響をいただきました。

また、インタビュイーとして言いにくいことも本音で語ってくださった小川大介さん、齋藤達也さん、安浪京子さん、宝槻泰伸さん、竹内薫さん、企画段階から自由に書かせていただきフォローしてくださった洋泉社の小塩隆之さんにも併せて感謝の意を表します。

実践教育ジャーナリスト・知窓学舎塾長　矢萩邦彦

矢萩邦彦

……やはぎ・くにひこ……

実践教育ジャーナリスト・知窓学舎塾長・株式会社スタディオアフタモード代表取締役・教養の未来研究所所長。
1995年より教育・アート・ジャーナリズムの現場で「パラレルキャリア×プレイングマネージャ」としてのキャリアを積む。15000人を超える直接指導経験を活かし「受験指導×探究型学習」をコンセプトにした統合型学習塾『知窓学舎』を運営、「現場で授業を担当し続けること」をモットーに実践教育ジャーナリスト・教育カウンセラーとしても活動を広げている。代表取締役を務める株式会社スタディオアフタモードでは人材育成・メディア事業に従事し、ロンドン・ソチパラリンピックには公式記者として派遣。主宰する教養の未来研究所では「教養と豊かさ」「遊びと学びの方法的結合」「キャリア編集」をテーマとした研究を軸に、研修・コンサルティング・ブランディング・監修顧問を手がける。一つの専門分野では得にくい視点と技術の越境統合を目指し探究する独自の活動スタイルについて、編集工学の提唱者・松岡正剛より、日本初の称号「アルスコンビネーター」を付与されている。「Yahoo！ニュース」個人オーサー。グローバルビジネス学会・キャリアコンサルティング技能士会所属。俳号は道侠。受賞歴にイシス編集学校『典離』、Yahoo!ニュース『MVC（Most Valuable Comment)』など。知窓学舎（http://chisou-gakusha.jp）ご相談・ご感想・ご依頼等はこちらまで（yahagi@aftermode.com）

中学受験を考えたときに読む本

2018年4月13日初版発行

編著者——矢萩邦彦
©2018
発行者——江澤隆志

発行所——株式会社洋泉社

〒101-0062 東京都千代田区神田駿河台2-2

TEL.03-5259-0251

郵便振替 00190-2-142410（株）洋泉社

印刷・製本所——中央精版印刷株式会社

装幀・本文デザイン——長久雅行

乱丁・落丁本はご面倒ながら
小社営業部宛にご送付下さい。
送料小社負担にてお取替致します。

ISBN978-4-8003-1445-1

Printed in Japan

洋泉社ホームページアドレス http://www.yosensha.co.jp/